应急物资保障决策模型与优化研究

曹琦 李振强 曹阳 陈闻轩 著

电子工业出版社
Publishing House of Electronics Industry
北京·BEIJING

内 容 简 介

随着社会的高速发展，人口、资源、环境、公共卫生等方面的问题日益凸显，各类突发性公共事件爆发频率加快、危害程度加剧、影响范围扩大。在突发性公共事件处置过程中，应急物资保障是最为基础的工作之一，其对救助受灾群众、降低灾害损失、恢复灾后秩序作用巨大。本书以应急物资保障决策问题为切入点，针对影响应急物资保障决策质效的应急物资需求预测、应急仓库选址、应急物资配送车辆调度和应急物资分配等典型问题，分别构建模型并提出优化算法进行求解，以期提高应急物资保障决策的科学性和时效性，提升应急物资保障工作的质效。

未经许可，不得以任何方式复制或抄袭本书之部分或全部内容。
版权所有，侵权必究。

图书在版编目（CIP）数据

应急物资保障决策模型与优化研究 / 曹琦等著. —北京：电子工业出版社，2024.1
ISBN 978-7-121-46962-6

Ⅰ. ①应… Ⅱ. ①曹… Ⅲ. ①物资储备－应急系统－决策模型 Ⅳ. ①F253

中国国家版本馆 CIP 数据核字（2024）第 007600 号

责任编辑：管晓伟
印　　刷：三河市良远印务有限公司
装　　订：三河市良远印务有限公司
出版发行：电子工业出版社
　　　　　北京市海淀区万寿路 173 信箱　　邮编：100036
开　　本：880×1 230　1/32　印张：5.75　字数：222 千字
版　　次：2024 年 1 月第 1 版
印　　次：2024 年 1 月第 1 次印刷
印　　数：1 000 册
定　　价：100.00 元

凡所购买电子工业出版社图书有缺损问题，请向购买书店调换。若书店售缺，请与本社发行部联系，联系及邮购电话：(010)88254888，88258888。
质量投诉请发邮件至 zlts@phei.com.cn，盗版侵权举报请发邮件至 dbqq@phei.com.cn。
本书咨询联系方式：（010）88254460，guanxw@phei.com.cn。

前 言

突发事件的发生严重影响着世界各国社会、经济的发展，威胁着公众的生命财产安全，是对政府应急管理能力的重大挑战。在突发事件处置过程中，应急物资保障是最基本、最重要的活动之一。应急物资保障是否及时有效，直接影响着应急管理工作的质效（质：质量；效：效率、效果、效益）。作为应急物资保障龙头环节，应急物资保障决策倍受重视，因为重大突发事件往往引起巨大的灾难后果，需要采取复杂的、系统性的保障活动，在此过程中，面临着大量的多目标决策问题，如何及时寻求这些决策问题的最优解，关系着整个保障活动的成败。基于此，本书就应急物资保障决策模型与优化问题展开研究。

本书包含七章内容，第 1 章为应急物资保障概述，主要介绍了应急物资保障相关概念、国内应急管理与物资保障体系、应急物资保障的基本流程和主要特点，并分析当前影响应急物资保障质效的基本因素；第 2 章为应急物资保障决策内涵，主要厘清了应急物资保障决策的基础理论、决策的重要环节和决策难点，并通过对难点问题的研究现状综述，提出了应急物资保障决策模型与优化研究的基本思路与技术路线；第 3 章为应急物资需求预测模型的构建与优化，主要围绕应急物资需求预测问题，提出了一种根据任务区态势数据求解物资需求的预测思路，并构建了 PCR 模型进行优化求解，案例验证结果表明，该模型不仅具有可操作性，而且有较高的预测精度，能有效提升应急物资需求预测水平；第 4 章为应急仓库选址模型的构建与优化，主要围绕应急仓库的选址问题，首先构建了应急仓库选址的确定性模型，而后根据实际救灾行动中物资需求存在不确定性的特点，以鲁棒优化理论为基础，将确定性模型转化为应急仓库选址的鲁棒优化模型；在此基础上，为了高效求解应急仓库选址的鲁棒优化模型，选取了三个比较有代表性的算法：NSGA-II、MOPSO 与 HP-CRO，并对三种算法的求解效率进行了多维度的比较，包括解集前沿的比较、求解时间的比较，结果表明，HP-CRO 算法求解应急仓库选址鲁棒优化模型的效果要优于另外两种算法；第 5 章为应急物资配送车辆调度模型的构建与优化，主要在对应急物资配送车辆调度影响因素分析的基础上，结合我国车辆运输的实际情况，提出了由配送中心向多个需求地域配送物资的车辆调度问题，建立了相应的数学模型，在采用极值法对行驶时间及风险系数进行无量纲化处理后，采取 Dijkstra 算法求解从配送中心集结点到需求地域集结点的最优路径；第 6 章为应急物资分配模型的构建与优化，首先构建了应急物资分配的数学模型，明确了约束条件及优化目标，在模拟决策者人工拟定物资分配方案的基础上，采用 BBO 算法对生成的初始方案进行寻优，解决了物资储存量不足和车辆不足情况下的多种物资、多车辆、多需求点、多次运输的复杂物资分配问题；第 7 章为总结与展望，主要是对本书的总结与展望。

由于作者理论水平有限，书中存在疏漏和谬误之处在所难免，敬请同行和读者不吝斧正。本书在撰写过程中，参考了大量相关的文献资料，除了书后所附参考文献，还借鉴了其他专家学者的研究成果，未一一列出，谨在此一并致谢。

著者

2023 年 10 月

目 录

第 1 章 应急物资保障概述 ... 1
1.1 相关概念 ... 1
1.1.1 突发公共事件 ... 1
1.1.2 应急物资 ... 2
1.1.3 救灾安置区 ... 3
1.1.4 应急仓库 ... 4
1.1.5 应急物资保障决策 ... 4
1.2 应急管理与物资保障体系简介 ... 6
1.2.1 国家应急管理指挥体系 ... 6
1.2.2 国家应急物资保障体系 ... 7
1.2.3 突发公共事件处置机制 ... 8
1.2.4 突发公共事件物资保障机制 ... 9
1.3 应急物资保障的基本流程 ... 9
1.3.1 应急物资需求预测 ... 9
1.3.2 应急物资的筹措 ... 10

        1.3.3 应急物资的储备 ······ 10
        1.3.4 应急物资的供应 ······ 11
    1.4 应急物资保障的特点 ······ 11
        1.4.1 物资需求多样 ······ 11
        1.4.2 保障需求不确定 ······ 12
        1.4.3 保障地域集中 ······ 12
        1.4.4 保障时效性强 ······ 12
        1.4.5 保障经济性弱 ······ 13
    1.5 影响应急物资保障质效的因素 ······ 13
        1.5.1 各参与主体的行为变化 ······ 13
        1.5.2 物资保障指挥决策复杂 ······ 14
        1.5.3 应急准备体系不够完善 ······ 15
        1.5.4 物资管理机制有待健全 ······ 16
    1.6 本章小结 ······ 17

第 2 章 应急物资保障决策内涵 ······ 18
    2.1 应急物资保障决策的基础理论 ······ 18
        2.1.1 系统工程理论 ······ 19
        2.1.2 有限理性理论 ······ 19
        2.1.3 全寿命周期理论 ······ 19
        2.1.4 建模与优化理论 ······ 20
    2.2 应急物资保障决策的主要环节 ······ 21
        2.2.1 应急物资需求预测 ······ 21
        2.2.2 应急仓库选址 ······ 22
        2.2.3 应急物资运输车辆调度 ······ 22
        2.2.4 物资分配 ······ 22
    2.3 应急物资保障决策的难点 ······ 23

目录

   2.3.1 需求迷雾难以消除 ……………………………………… 23
   2.3.2 应急仓库选址不准 ……………………………………… 24
   2.3.3 配送车辆调度困难 ……………………………………… 24
   2.3.4 物资分配效益不高 ……………………………………… 24
 2.4 国内外研究现状 …………………………………………………… 25
   2.4.1 应急物资需求预测研究现状 …………………………… 25
   2.4.2 应急仓库选址研究现状 ………………………………… 27
   2.4.3 应急物资配送车辆调度及物资分配研究现状 ……… 40
 2.5 研究意义与作用 …………………………………………………… 56
 2.6 研究思路与技术路线 ……………………………………………… 57
 2.7 本章小结 …………………………………………………………… 59

第3章 应急物资需求预测模型的构建与优化 ……………………………… 61
 3.1 应急物资需求预测方法选择 ……………………………………… 61
 3.2 应急物资需求预测模型的构建 …………………………………… 62
   3.2.1 问题描述与假设 ………………………………………… 62
   3.2.2 模型建立 ………………………………………………… 64
   3.2.3 引入模型评价参数 ……………………………………… 65
 3.3 案例分析 …………………………………………………………… 66
   3.3.1 数据搜集 ………………………………………………… 66
   3.3.2 基于 MLR 模型的需求预测 …………………………… 68
   3.3.3 基于 PCR 模型的需求预测 …………………………… 70
   3.3.4 预测结果对比 …………………………………………… 76
   3.3.5 实验结果分析及结论 …………………………………… 77
 3.4 本章小结 …………………………………………………………… 77

第4章 应急仓库选址模型的构建与优化 …………………………………… 78
 4.1 应急仓库选址模型的构建 ………………………………………… 78

IX

  4.1.1　应急仓库选址需求 ·· 79
  4.1.2　问题描述与假设 ·· 81
  4.1.3　确定性模型的构建 ·· 84
  4.1.4　鲁棒优化模型的构建 ··· 85
 4.2　应急仓库选址的优化研究 ··· 89
  4.2.1　选址问题常用算法分类 ·· 89
  4.2.2　MOPSO 与 NSGA-Ⅱ算法 ······································· 92
  4.2.3　HP-CRO 算法 ··· 94
 4.3　案例分析 ··· 99
  4.3.1　案例描述 ··· 99
  4.3.2　解集前沿的比较 ·· 102
  4.3.3　求解时间的比较 ·· 110
 4.4　本章小结 ··· 112

第5章　应急物资配送车辆调度模型的构建与优化 ·············· 113

 5.1　应急物资配送车辆调度模型的构建 ································· 113
  5.1.1　影响因素分析 ··· 113
  5.1.2　问题描述与假设 ·· 115
  5.1.3　模型的构建 ·· 116
 5.2　应急物资配送车辆调度的优化研究 ································· 117
  5.2.1　算法总体流程 ··· 118
  5.2.2　主要步骤 ·· 119
 5.3　案例分析 ··· 122
  5.3.1　作业想定 ·· 122
  5.3.2　案例计算 ·· 124
 5.4　本章小结 ··· 124

第 6 章 应急物资分配模型的构建与优化 ·········· 125
6.1 应急物资分配模型的构建 ·········· 125
6.1.1 影响因素分析 ·········· 125
6.1.2 问题描述与假设 ·········· 126
6.1.3 模型的构建 ·········· 128
6.2 应急物资分配的优化研究 ·········· 130
6.2.1 算法总体流程 ·········· 131
6.2.2 主要步骤 ·········· 131
6.3 案例分析 ·········· 135
6.3.1 作业想定 ·········· 135
6.3.2 案例计算 ·········· 139
6.3.3 结果分析 ·········· 141
6.4 与遗传算法对比分析 ·········· 142
6.4.1 算法总体流程 ·········· 142
6.4.2 主要步骤 ·········· 144
6.4.3 对比实验与分析 ·········· 146
6.5 本章小结 ·········· 148

第 7 章 总结与展望 ·········· 149
7.1 总结 ·········· 149
7.2 展望 ·········· 151

参考文献 ·········· 153

第1章
应急物资保障概述

1.1 相关概念

1.1.1 突发公共事件

突发公共事件是指突然发生,造成或者可能造成严重社会危害,需要采取应急处置措施予以应对的事件,一般包括自然灾害、事故灾难、公共卫生事件和社会安全事件等类型,具有突发性、复杂性、破坏性、持续性、可控性和机遇性的特点。由于突发公共事件对人类社会所造成的影响在短时间内发生,容易产生巨大的不良影响,所以人类如何从科学的意义上认识这些事件的发生、发展并尽可能减小它们所造成的危害,已是国际社会共同关注的问题。

近年来,各类突发公共事件发生频率显著升高,危害明显增强。自然灾害方面,"五十年不遇""百年一遇"等专门用于反映事态严重程度的词汇经常见诸媒体,还有难以计数的各种人为灾害事故更是经常袭击全球。2008年四川汶川8.0级强地震、2010 年青海玉树 7.1 级强地震均造成大规模人员受灾和伤亡，此类重大灾害一次次令人们的神经紧绷。因安全意识落后、基础设施设备老化、管理不善等问题引发的社会安全事故一再发生。2015 年天津滨海新区发生爆炸事故，爆炸总能量约为 450 吨 TNT 当量，造成 165 人遇难；2020 年黎巴嫩首都贝鲁特港口区因仓库管理存在严重疏忽发生巨大爆炸，造成至少 190 人死亡；2021 年我国湖北十堰发生重大燃气爆炸事故，造成 26 人死亡、138 人受伤。此外，不容忽视的还有各类公共卫生事件。2020 年初发生的新冠病毒传染病对全世界造成了持久而深远的影响，不仅造成数以百万计的人员死亡，病毒的强传染性带来的恐慌还严重影响了世界经济的复苏。可以说，无论是在国际还是在国内，应对突发公共事件的相关研究已经成为迎接挑战的迫切需要。

1.1.2　应急物资

应急物资是指在应对严重自然灾害、事故灾难、公共卫生事件和社会安全事件等突发公共事件全过程中所必需的保障物资。从广义上概括，凡是在应对突发公共事件的过程中所用到的物资都可以称为应急物资。具体可划分为三类：一是基本生活保障物资，主要指食物、饮用水、电力设备等维持生命的基本生活用品；二是专业性物资，主要包括危机发生后专业人员处理特定技术性问题所使用的物资，包括工程材料与机械加工设备等；三是应急装备及配套物资，主要指针对少数特殊事故处置所需的特定物资，这类物资储备储量少、针对性强，如一些特殊药品等。

1.1.3 救灾安置区

顾名思义,救灾安置区是指在发生自然灾害等突发公共事件时,在安全地带划设的专门区域,用于为受灾群众提供安身之所。

二十世纪八十年代,美国学者 Quarantelli 对灾后安置阶段进行了区分,定义了紧急庇护(Emergency Sheltering)、临时庇护(Temporary Sheltering)、临时住房(Temporary Housing)和永久住房(Permanent Housing)的概念[1]。2010 年,Quarantelli 进行补充:学校、教堂、军械库或任何能容纳大量居民的建筑都可以用作紧急庇护所,由于停留时间短,人们对其条件的接受度高,也并不十分需要工作人员监督和管理。临时庇护所通常包括在灾前的住所之外提供食物和庇护,因此需要一些社区规划。临时住房可采用保温帐篷、移动住房、预制房屋、自建棚屋或亲戚朋友家,过渡安置阶段是获得永久住房前的阶段,不同社会阶层在此阶段的选择有较大差异[2]。

2008 年四川汶川地震后,住房和城乡建设部于 2008 年 5 月 21 日颁布了《地震灾区过渡安置房建设技术导则》(简称《导则》),5 月 23 日四川省建设厅也颁布了《四川省 512 地震救灾过渡安置规划导则》(简称《省导则》),6 月 2 日住房和城乡建设部再次发布了《关于地震灾区过渡房(活动板房)建设有关问题的补充通知》(简称《通知》)。两个导则和通知分别依据我国国情和四川省的实际情况对灾后的过渡安置区的规模、选址、布局、配套设施、公共服务设施、等级做了详尽的规定。《导则》也是我国第一部关于救灾安置区的规范要求。

1.1.4 应急仓库

应急仓库是指在突发事件发生前预先设立或根据预案在突发事件发生后选择合适地点临时设立的应急设施，属于应急管理体系中的物资储备场所。该场所在突发事故发生时为灾害发生地提供相应的应急救援物资，进行应急物资配送响应，贯穿整个应急管理过程[3]。

因公共事件发生具有突然性，物资需求量大，因此应急仓库工作量具有峰值性，这导致应急仓库的特征与商业物流仓库相比具有明显差异。一是敏捷性：灾害发生后，要求受灾地附近节点的应急仓库务必快速响应受灾群众和救援人员所需的生活物资及救援设备，保证快速响应的前提是库内调度科学合理，以及高效运输和调度物资，确保时间和空间上的效益最大化。二是储存环境的特殊性：与商业物流仓库的储备物品相比，应急仓库的储备物资品类较多，各种主要物资不宜直接暴露，卫生防疫用品和消防防护用品的储备更需要隔离，对储存的条件更为苛刻，对储备物资稳定性的要求导致应急仓库建设需要更高的标准，包括湿度、保温隔热、防水封闭等方面。三是弱经济性：应急仓库的主要目标是保障社会稳定和人民生命财产安全，这种设施的主要目标不再是经济效益，而是把应急效益作为首要目标[4]。

1.1.5 应急物资保障决策

突发公共事件发生时，应急救援物资是遂行生命救助、抢修抢建等任务最重要的基础和保障。及时、充足、精准的应急物资供应有利于控制突发事件带来的影响，减小生命财产损失。

但在现实生活中，应急物资保障体系涉及诸多环节，如仓储点的布局、物资的采购筹措、物资规模数量控制、物资的品种分类、物资结构的调剂、物资包装整理、运输工具的调度、交通路线的规划、物资的装卸搬运、灾区物资保管场所划定、物资配送分派、物资管理责任承担等，具有环节繁多、协作紧密的特点。每个环节的工作效率、质量直接影响到应急物资的保障效果。

突发公共事件尤其是造成巨大影响的事件发生后，尽快完成分配什么物资、如何分配物资、分配多少物资、需求实现多少等工作是非常重要的。因此，科学分配应急物资是应急救援工作的一个非常重要的环节。事实上，应急物资保障工作在我国历次突发公共事件中扮演了十分突出的角色。例如：青海玉树抗震救灾防疫物资供应中，应急物资分配就发挥了不可替代的重要作用。国内外灾害救援的实践证明，科学有效地分配应急物资，使物资分配的时间和成本降至最低限度，实现时间效益最大化和灾害损失最小化的目标，对于做好灾害救援工作起到十分关键的作用。为进一步提升应急物资在灾害救援中的科学分配水平，应不断加强和改进有关方面的工作，以持续扩大和提高救灾成效。

由于应急物资储备分属不同仓库、不同部门，突发公共事件发生时很难第一时间进行联动调度，导致资源建设的集成能力欠缺，而灾害发生后，由于通信不同程度受损等原因造成的信息不畅会导致无法准确地了解应急物资的需求量和需求类别。另外，突发公共事件都具有突发性，可能在短时间内造成巨大破坏，而原有的物资储备可能也会受到灾害影响而产生短缺。突发公共事件本身的突发性和时效性要求应急物资必须在足够短的时间内得到供应才能充分发挥其"应急"的价值，一旦超过时限则会失去原有的意义。因此有必要对如何通过系统调度进行合理的应急物资保障展开研究。

应急物资保障决策是应急保障的核心，科学的决策是高效保障的前提，其关键在于指导应急物资筹措、调配、储备和维护，实现物资合理调配与充足保障，以提高应急物资综合利用效能，同时获取物资使用情况、存储状态等反馈信息，据此对决策进行合理调整，确保突发公共事件紧急处置工作正常运转。

1.2 应急管理与物资保障体系简介

1.2.1 国家应急管理指挥体系

指挥协调是现代应急管理体系中的重要领域，是应急管理中联系决策者、执行者和保障资源的关键纽带。本质上，应急指挥是一种多主体参与应急资源生产、配置、监控的复杂性组织行为和社会活动，通过指挥机构、指挥层级、资源调配、信息传输等要素协同合作，实现对特定突发事件的全周期控制。

从国家—省—市县的行政级别划分来看，我国目前有着相对完整的应急管理指挥体系。2018年3月，国家成立了应急管理部，这是最高层面的应急管理指挥部。各省在国家应急管理政策指导下成立应急管理厅，全面负责本省的应急管理工作。各市级行政单位成立应急管理局，县级政府也建立相应的本级指挥体系。应急管理厅是应对突发公共事件的地方政府中的总职能部门，具有完备的内部机构设置，主要包括应急管理办公室、应急指挥中心、风险监测和综合减灾处、救灾和物资保障处、科技和信息化处、教育训练处、火灾防治管理处、防汛抗旱处、地震和地质灾害救援处、危险化学品安全监督管理处、非煤矿山安全监督管理处、工商贸行业安全监督管理处、安全生产综合协调处等机构。发生灾害等紧急事件时，机构领导班子可随时抽调人员担任突发事件应急总指挥，在应急管理厅的协调下联合同级别的其他部门配合处置突发事件。

1.2.2　国家应急物资保障体系

在灾害防控常态化情况下，各省的应急管理厅作为预警、监测突发事件的指挥部，肩负着十分重要的职责。总体上来说，该厅负责全省应急管理、安全生产、防灾减灾救灾的工作。其中，救灾和物资保障处根据灾情的严重程度制定调配物资的种类和需求计划，组织协调应急物资的储备、输送、分配和监督，联合其他部门安置转移群众，向受灾群众提供补助。

我国《突发事件应对法》第三十二条规定："国家建立健全应急物资储备保障机制，完善重要应急物资的监管、生产、储备、调拨和紧急配送体系"。《国家突发公共事件总体应急预案》规定："要建立健全应急物资监测网络、预警体系和应急物资生产、储备、调拨及紧急配送体系，完善应急工作程序，确保应急所需物资和生活用品的及时供应，并加强对物资储备的监督管理，及时予以补充和更新。地方各级人民政府应根据有关法律、法规和应急预案的规定，做好物资储备工作"。因此，各级政府都有一定的应急物资储备。在突发公共事件尚未发生时，各级政府应结合本地突发公共事件的基本情况以及应急管理工作经验，储备一定量的应急物资。突发公共事件发生时，地方政府会第一时间从最近的本级政府应急物资储备库为灾区调运紧急需求物资，然后会进一步对灾区物资需求情况进行评估预测，根据需求进行储备库的规划选择，迅速找到最优的应急物资供应点组合，实现物资有效供给。当突发公共事件规模过大，地方政府储备的物资无法满足应急需求时，就会向上级政府或中央政府应急物资储备库申请物资调拨，以满足地区应急需求[5]。

1.2.3 突发公共事件处置机制

我国目前针对公共突发事件有明确的以国务院牵头的处置机制。《国家突发公共事件总体应急预案》中，明确了各类突发公共事件分级分类和预案框架体系，是指导预防和处置各类突发公共事件的规范性文件。

总体而言，我国应对突发公共事件处置机制主要分为 4 个部分：①信息报告：特别重大或者重大突发公共事件发生后，各地区、各部门要立即报告，最迟不得超过 4 小时，同时通报有关地区和部门。应急处置过程中，要及时续报有关情况。②先期处置：突发公共事件发生后，事发地的省级人民政府或者国务院有关部门在报告特别重大、重大突发公共事件信息的同时，要根据职责和规定的权限启动相关应急预案，及时、有效地进行处置，控制事态。③应急响应：对于先期处置未能有效控制事态的特别重大突发公共事件，要及时启动相关预案，由国务院相关应急指挥机构或国务院工作组统一指挥或指导有关地区、部门开展处置工作，现场应急指挥机构负责现场的应急处置工作，需要多个国务院相关部门共同参与处置的突发公共事件，由该类突发公共事件的业务主管部门牵头，其他部门予以协助。④应急结束：特别重大突发公共事件应急处置工作结束，或者相关危险因素消除后，现场应急指挥机构予以撤销[6]。

1.2.4 突发公共事件物资保障机制

在突发公共事件情况下,应急物资保障是应急管理的重要部分,其对整个应急保障体系的运行提供物质基础支撑。应急物资保障从人力、物力等方面对灾害救援等应急行动提供全面支持,需要符合以下基本要求:①质量可靠,保证应急物资的质量,满足突发公共事件的实际需求;②保障安全,确保应急物资的调配、储配、使用等环节的安全,为突发事件的处置提供物资安全底线;③合理储备,物资储备的种类、数量、地点要符合应对事件的需要,实现物有所用;④流程高效,最大程度压缩物资生产到配送的中间环节,提高管理效率,实现最大化的时空效益;⑤信息准确,全面掌握应急物资的基本信息,确保指挥调度准确;⑥全程管控,动态监控物资的配置、物流、储备、发放等过程,从严防控应急物资受到外界不利因素、意外情况的影响[7]。

1.3 应急物资保障的基本流程

应急物资保障包含四个典型流程,即:应急物资需求预测、应急物资筹措、应急物资储备和应急物资供应。其中"物资需求预测、物资筹措、物资储备"不仅是平时应急物资准备工作的基本内容,也是突发公共事件发生后进行物资保障的主要流程,而"物资供应"只出现于突发事件发生后。

1.3.1 应急物资需求预测

应急物资需求预测是指为有效应对未知突发事件或已发生突发事件,而预先对应急保障物资种类和数量进行的估算活动[8]。

从概念可知，应急物资需求预测包含两方面重点。一是预测应急物资的种类，必须针对特定的事故灾难类型，研究有针对性的应急物资种类需求，保证拥有控制突发事件所需的应急物资种类，如消防类、工具类等应急物资。这里通常不是一种或某几种应急物资就能满足应急需要，而是需要多种应急物资综合利用，才能有效控制突发公共事件的事态。二是预测应急物资的数量，保证拥有控制突发事件所需的足量的应急物资，通常，突发公共事件越严重影响范围越大，产生的后果越严重，则所需的应急物资数量就越大。

1.3.2 应急物资的筹措

应急物资的筹措是指通过采购、动员等方式对应急物资的获取，[9]应急物资的筹措是应急物资保障的基础和关键环节，也是应急救援工作顺利实施的物质基础，筹措工作的优劣直接影响应急物资保障水平和应急救援目标的实现与否。在现实救援行动中，应急物资需求量大、种类多，储备的物资往往无法满足灾害的需要，因此，及时快速、质优价廉、品种齐全、足量适用的物资筹措可以有效弥补储备不足对救援活动造成的影响，并促进应急物资保障效益的提升。

1.3.3 应急物资的储备

应急物资的储备是按种类、数量而进行的应急物资提前准备，一般在突发事件发生之前进行[10]，即对可能发生的突发事件所需的应急物资进行的预先准备活动，也有可能在救援行动过程中展开，如当应急物资的筹措速度大于使用速度时，则需要开设应急仓库进行暂时储存。突发事件物资需求的集中性，要求潜在灾区应该进行事先的应急物资储备，这可以有效地节约救援时间。同时，应急物资的有效供应需要事先的物资储备，储备不足或供应短缺将导致物资保障效益的降低。

1.3.4 应急物资的供应

应急物资的供应是指将储备在战略或应急仓库中的物资以及实时筹措的物资，快速运输至需求区域，分配给受灾群众。[11]因此，应急物资供应包含两个阶段：一是将物资从战略仓库（一般与受灾地区不在同一城市）通过各种交通方式运输至受灾地区（可暂存于应急仓库）；二是将物资从受灾地区（或应急仓库）运输至救灾安置区。由于应急物资需求的时效性，通过各种渠道筹集而来的应急物资需要及时准确地调度运输至灾区，调度的及时性和运输时间的长短直接关系到应急物资需求能否快速及时地得到满足。

1.4 应急物资保障的特点

1.4.1 物资需求多样

应急物资本身具有多样性，种类涉及灾民生活、灾区生产恢复、医疗救护等各个方面，仅我国商务部应急商品数据库中指定的食品类物资就有大米、面粉、咸菜等 9 种，生活用品类物资有帐篷、毛毯、棉被等 16 种。[12]同时，自然灾害带来的损失较大，为维持灾区的基本生活及市场秩序，往往需要的物资数量非常巨大。此外，由于每种类型的物资在规格、型号、价格和质量方面也存在着差异，这也导致了物资供应的多元化。

1.4.2　保障需求不确定

突发事件的发生及其强度、影响范围、受灾情况和持续时间的不确定，如地震、火山爆发等。目前人们对其发生的时间、地点、强度、范围等难以预测，更难以对应急物资的种类、数量进行预测。同时，突发事件往往会导致道路及通信设备被毁，如 2008 年的雪灾造成湖南株洲电网崩溃、通信中断，75 条国、省、县道遭遇不同程度创伤。[13]这些都影响了灾区内外联系，导致实时的受灾情况难以掌握，需求信息难以获取，从而加大了应急物资保障的不确定性。

1.4.3　保障地域集中

自然灾害等突发事件常带来区域性的破坏，为了有效安置救助受灾群众，国内外惯用的做法是在临近受灾区域的相对安全地区建立较为集中的救灾安置区，救灾安置区是物资需求的主要产生地和物资供应的目的地。因此，相对于普通的物资保障活动而言，灾后应急物资保障的地域相对集中。

1.4.4　保障时效性强

时间是应急救援的第一要素。重大突发事件发生后，应急物资必须在第一时间内送达到事发地，才能发挥其理想的应急效果和作用，超过时限再将物资送达，应急物资将丧失应急作用。应急物资需求只有及时得到满足，才有可能将损失降到最低，一旦错过了应急物资需求的最佳时间，不仅会给应急工作带来很多困难，甚至会造成问题的升级或更大灾害的发生。例如地震发生后的 10 小时内抢救出来的伤员，其生存率很高，若是在地震发生后 24 小时内发现，生存的可能性就会明显下降，地震发生 72 小时后的生存率就非常低了。

1.4.5　保障经济性弱

应急物资保障是一种典型的人道主义行为，其目的是尽可能减少突发事件造成的损失、救助受灾群众，人道主义组织在一些西方国家的应急救援中扮演着主要角色，这些组织通常要考虑经济效益，追求成本最小。[14]而在我国，政府部门是应急救援的组织与实施主体，在"以人为本"的科学发展理念和"一方有难八方支援"的中华民族优良传统的引领下，我国应急救援部门在实施救援行动时，通常是举全国之力对受灾区域和群众实施救援和帮助，保障活动追求质效第一、成本第二。因此，应急物资保障首先必须满足时效性和数量、质量要求，在尽可能地满足受灾群众需求的前提下，再去进行科学的成本控制，某些情况下甚至放弃成本控制，物资保障成为一项纯消费行为。

1.5　影响应急物资保障质效的因素

应急物资保障的系列特点造成应急物资保障活动的复杂性，在具体实施过程中，参与主体的行为变化、保障决策的复杂性、管理机制的健全与否、保障环节的严密科学等方面时刻影响着应急物资保障质效，决定着保障行动的成败。

1.5.1　各参与主体的行为变化

应急物资保障涉及多个参与主体，主要包括物资生产商、物流企业、零售商、消费者以及政府部门。

对于物资生产商而言，灾害可能造成生产厂房、设施的损坏，带来原料成本的上升，使得生产商减产，甚至停产，导致物资供应短缺且价格上涨。

对于物流企业而言，灾害往往带来交通的阻断，物流企业由于运输成本上升，流通时间增加，往往会放弃部分业务或提升价格，使得物资供应短缺，最终消费价格上升。

对于零售商而言，由于运输成本增加等因素导致成本上升，物资供应减少，零售商往往会提升零售价格，部分零售商为了谋求更大利益而囤积稀缺物资，适时哄抬物价，导致物资供应进一步短缺。

对于消费者而言，灾害发生后，由于担心价格的进一步上升以及对后续供应短缺的预期，容易造成恐慌心理，出现抢购、增加储备等行为，使得部分基本生活物资需求迅猛增长。

对于政府部门而言，应急物资的供需不平衡将直接影响到社会的稳定，灾害发生后，政府往往对物资市场进行干预，如组织货源投放市场、实行价格干预等，以确保需求平稳。

物资供应及物流服务企业、消费者以及政府部门行为的变化给应急物资需求带来了不同程度的影响，也给应急物资保障活动带来了一定难度。

1.5.2　物资保障指挥决策复杂

应急物资保障工作包含多个环节，涉及多方参与者，各类物资多元而杂乱，组织指挥机构需要统筹的事项极其烦琐，具体过程中的决策问题也非常复杂，如应急物资的需求预测、物资动员与筹措、物资的运输中转、物资分配等环节都是复杂的决策问题，部分问题还是多目标优化问题，依靠传统的专家经验，势必造成整个决策过程的低效。因此，有效解决复杂的决策问题是有序、高效开展应急物资保障工作的关键。

1.5.3 应急准备体系不够完善

一是应急预案体系有待完善。制定应急预案是应急准备工作的重要环节，社会的快速发展加剧了突发事件的复杂程度，不同种类的突发事件以各种各样的方式危害着人们的生命和财产安全。当前，各级应急管理部门都已制定了多种专门应急预案，从政府的角度来说，应急预案的覆盖种类近乎完备，但在执行的时候其有效性未能得到充分的发挥，主要是预案的灵活性和完备性与实际要求有一定差距。

二是应急准备结构性失衡。一方面，对危机教育培训重视不够，危机教育培训作为应急准备阶段的一个环节，对减少突发事件的破坏程度发挥着重要作用。但当前，各级应急管理部门将危机教育培训的重点主要放在应急管理从业人员身上，对普通民众的教育培训较少，也无相应的制度支撑，这很容易导致民众在危机来临时无法自救，只能依靠政府的力量获得救援。另一方面，应急救援队伍演练还不到位，主要体现在救援队伍演练区域不广泛、频次不高、情景模拟不真实等方面，这严重限制着救援队伍能力的提升。

三是应急救助主体单一。在当前科技发展不能完全代替人工救援的情况下，应急救援队伍的作用十分重要，作为处置突发事件的主要力量，消防部门、部队承担了较多的救援任务，除此以外，国内专业的救援队伍力量十分有限。近年来，国内虽然有部分社会组织救援力量逐渐兴起，但力量仍然薄弱，不能满足救援的需要。

1.5.4 物资管理机制有待健全

一是应急物资储存体系不完善。一方面应急资金和物品储备不足，按照《突发事件应对法》，各级政府已将应急储备纳入政府公共财政支出范畴，并按照应急管理"分级负责、属地管理"的原则，做好应急物资储备工作，但由于各个地区经济发展水平不同，能为应急管理工作提供的相关经费数量也不同，就造成了资金和物品储备的差异；另一方面，应急物资储备方式单一，目前我国的应急储备以政府实物储备为主，实物储备是突发事件发生前预防与应急演练、突发事件发生后的初步响应过程中应急物资的主要来源，对突发事件应对的后果起关键作用。但是，应急资金的有限性和突发事件的复杂性、不确定性之间的矛盾决定了单纯依靠政府应急实物储备不足以应对突发事件。虽然有些应急物品采用企业代为储备的模式作为补充，但因政策和市场原因，代储企业数量和承储物品所占比例有限。

二是储备物资调用机制存在缺陷。按照法律要求，我国从国家到各个省、市、区（县）都有一定的物资储备，并根据"分类管理"的原则，各类应急物资分别由不同的系统和部门来负责储备。但是，目前我国突发事件的应急管理工作涉及多个系统和部门，如应急管理部门、卫生行政部门、医院、疾控中心、消防、警察和武警等。在当前"条块分割"的管理体制下，在应急物资的储备和调用过程中，由于沟通交流不畅、体制壁垒和机制不完善等因素的存在，应急物资调用效率和效果大打折扣，同时还可能出现因资源重复调用而造成的浪费现象。

三是对社会捐赠物资的管理机制不完善。社会捐赠物资是应急储备和市场购买等物资筹措方式的有力补充，常常可以弥补物品储备不足、市场购买资金缺乏等问题。《中华人民共和国公益事业捐赠法》第十一条规定："县级以上人民政府及其部门可以接受社会捐赠，并可以将受赠财产转交公益性社会团体或者公益性非营利的事业单位"；第十七条规定："公益性社会团体应当将受赠财产用于资助符合其宗旨的活动和事业。对于接受的救助灾害的捐赠财产,应当及时用于救助活动"。但实际上,接受社会捐赠、对捐赠物资进行管理过程中存在着一些体制机制上的问题，比如缺乏捐赠物品分配公示制度、缺乏对公益性组织的监管制度、公益性社会团体的管理机制不健全等，有可能导致部分受赠物品不能应用于捐赠目的。

四是应急物资分配规则欠缺。应急物资分配作为应急处置过程中的一个重要环节，对应急救援任务的圆满完成发挥着至关重要的作用。目前，物资分配主要遵从主观意识的按需分配，缺乏更为科学的规则，这导致物资分配不均，物资浪费等现象，甚至为腐败滋生提供了温床。因此，物资分配规则的制定尤为迫切,这不仅关系着救援过程的有序开展和对救援队伍的鼓舞，也体现了政府部门的信誉。

1.6 本章小结

本章主要阐述了应急物资保障的相关概念，厘清了国内应急管理与物资保障的基本体系，在此基础上，概括出应急物资保障的基本流程和主要特点，据此分析得出各参与主体行为变化、物资保障指挥决策复杂、应急准备体系不够完善和物资管理机制有待健全等四个影响应急物资保障质效的主要方面，为后续应急物资保障决策问题的分析和建模奠定了基础。

第 2 章

应急物资保障决策内涵

2.1 应急物资保障决策的基础理论

习近平总书记在《求是》杂志发表的《全面提高依法防控依法治理能力,健全国家公共卫生应急管理体系》文章中指出:"这次疫情防控,医用设备、防护服、口罩等物资频频告急,反映出国家应急物资保障体系存在突出短板。要把应急物资保障作为国家应急管理体系建设的重要内容,按照集中管理、统一调拨、平时服务、灾时应急、采储结合、节约高效的原则,尽快健全相关工作机制和应急预案。"[15]习总书记明确了我国应急物资保障的原则,也给我国应急物资保障决策基础理论的发展指明了方向。关于应急物资保障决策的研究主要集中在七个主要方面:①突发事件的信息搜集与处理;②应急指挥体系的组织设计;③应急物资的需求与评估;④仓储设施建设;⑤应急物资调度决策优化;⑥物资分配原则;⑦应急物资保障决策辅助支持平台体系设计。与之相对应的基础理论也可以归纳为四种:①系统工程理论;②有限理性理论;③全寿命周期理论;④建模与优化理论。

2.1.1 系统工程理论

系统工程理论是一门综合性理论，是以大型复杂系统为研究对象，有目的地对其进行规划、研究、设计和管理，以期达到整体最优的效果的理论体系。[16]系统工程理论研究常把研究的对象系统和研究的过程看成一个整体。系统由若干子系统组成，要研究每个子系统，都首先从系统整体出发，协调解决子系统之间或子系统与系统整体之间的矛盾。毋庸置疑，应急物资保障是一项复杂的系统工程，所涉及的需求预测、仓库选址、车辆调度、物资分配等问题都可看成是其中的子系统，基于系统工程理论，要使系统整体最优，必须使子系统功能最优，这也是我们将应急物资保障决策拆分成需求预测、仓库选址、车辆调度、物资分配四个决策子问题的理论依据。

2.1.2 有限理性理论

有限理性（Bounded Rationality）是指介于完全理性和非完全理性之间的在一定限制条件下的理性，它是在为抓住问题的本质而简化决策变量的条件下表现出来的理性行为。其概念最初是由阿罗提出的，他认为有限理性就是人的行为，"即是有意识地理性的，但这种理性又是有限的"。[17]应急物资保障决策问题的复杂性在于其决策变量的不确定性和决策目标的多样性，因此，要想实现完全理性的决策是十分困难的，在对具体决策问题建模求解的过程中，必须抓住主要矛盾，实现主要目标，做出有限理性的决策。

2.1.3 全寿命周期理论

全寿命周期（Full Life Cycle）理论是指在设计阶段就考虑

到产品寿命历程的所有环节，将所有相关因素在产品设计分阶段得到综合规划和优化的一种设计理论。[18]突发事件应急物资保障全寿命周期涉及多个决策环节，各个环节联系紧密。因此，在决策工作中，必须树立全寿命周期的决策理念，认真分析每一个前置决策环节对后续环节的影响，确定整体最优的决策目标，避免追求某单一决策环节目标最优而给后续决策环节造成不良影响，进而确保各决策环节的有效衔接，确保整体应急物资保障决策工作的顺畅高效。

2.1.4 建模与优化理论

建模就是针对特定的应用目的，对原型的相关特征进行抽象提取，建立原型的"模仿物"，并以一定的方法在这个"模仿物"中反映这些特征的过程。[19]优化是指通过调整算法得到问题的更优解。通过建模与优化，可以得到模型输出，从而推论实际输出，帮助解决实际问题，模型与原型之间的关系如图 2.1 所示。

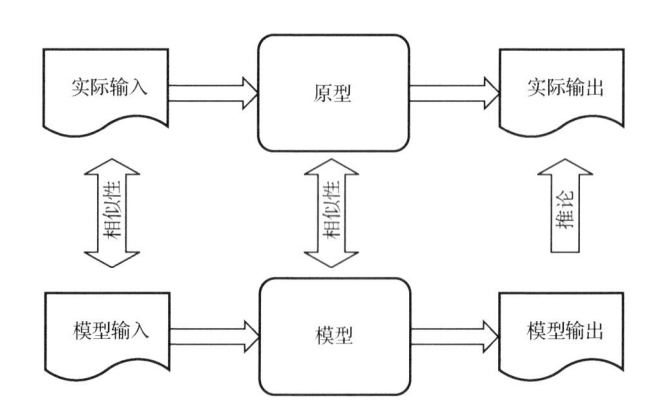

图 2.1　模型与原型之间的关系

Fig.2.1　Relationship between models and prototypes

2.2 应急物资保障决策的主要环节

应急物资保障决策问题涉及行政、技术、管理、法律等方方面面，是一个极其复杂的问题，必须采取一定方式将应急物资保障决策划分为若干个环节并逐个予以解决。应急物资保障决策通常包含信息管理、组织架构、物资采购、社会捐赠、需求预测、物资库存、质量监管、仓库选址、车辆调度、物资分配等环节，由于信息管理、组织架构、物资采购、社会捐赠、物资库存、质量监管属于应急物资管理范畴，决策的时效性要求相对较低，因此，不作为本研究的重点内容。下面主要对应急物资保障决策过程中运算复杂、时效性要求较高的需求预测、仓库选址、车辆调度和物资分配等环节进行分析研究。

2.2.1 应急物资需求预测

在实施应急物资保障之前，首先要明确各需求点（受灾地域）对于应急物资的需求种类及需求量。与常规物资保障不同，这个需求种类及需求量并不一定能直接由需求点提交申请。这是因为突发事件发生时，需求点的行政管理秩序会被打乱，有时甚至会陷入混乱，并且通信也难以确保畅通，无法第一时间提交物资需求。这就需要应急物资管理机构根据突发事件的时间、性质、规模等情况，以及需求点的地域、人口、环境等情况，对应急物资需求进行预测，以初步确定需求点的物资需求，从而为下一步应急仓库选址、车辆调度及物资分配做好准备。

2.2.2 应急仓库选址

当明确了需求点的物资需求后，如何将所需物资及时、准确、高效地运送到需求点就成了亟待解决的问题。通常在面临大规模灾害时，应急物资种类多、数量大，为避免资源浪费、分配不均，还需设立应急仓库进行转运。应急仓库的开设必须迅速，但由于机动设施的限制，应急仓库开设的数量是有限的，每一个应急仓库需要为周围一定区域的需求点提供服务，通常在第一批应急物资配送之前（或同时）完成应急仓库开设，并由应急仓库对后期源源不断的应急物资保障提供支撑。

2.2.3 应急物资运输车辆调度

在将应急物资从储备仓库运输到应急仓库，以及从应急仓库运输到需求点的过程中，可能采取火车、飞机、轮船、车辆等多种交通运输工具。但在突发灾害情况下，由于自然环境与社会环境的复杂性，为了及时、灵活地实施物资保障，应用最为广泛的运输方式就是车辆运输。目前我国绝大多数行政村都通有公路，公路网四通八达，基本可以覆盖受突发事件影响的所有需求点，如何选择最优的配送路径、提高车辆调度效率直接影响了应急物资保障的效果。

2.2.4 物资分配

虽然可以提前预测应急物资需求，但在实际保障过程中，往往无法做到按需供应，这主要是由两方面原因造成的：一是当前储存的应急物资无法保障所有需求点的物资需求；二是当前运力无法在规定时间内将所需的全部应急物资运送到需求点。这就需要按照需求紧迫度对已有应急物资及运力进行合理分配，优先保障受突发事件影响大的需求点，以最大限度地减轻灾情影响。在实际操作中，通常在组织物资运输之前，需要进行物资分配的规划。

2.3 应急物资保障决策的难点

应急物资保障活动是一项复杂的系统性工程，这是由应急物资保障的特点决定的。因此，要做好应急物资保障工作，需要应急管理人员、救援力量、物流公司、人道主义组织等参与主体共同努力。本书主要研究应急管理人员面临的决策难题和破解方法，下面是对决策难点的分析。

2.3.1 需求迷雾难以消除

在实际应用中，通常无法精确预测应急物资的需求量，这主要是由以下原因造成：①随着社会的发展，突发事件中的应急物资需求是不断发展变化的，如应急物资的种类和数量，现有的应急物资需求预测方法不一定能够适应将来发生的突发事件；②突发事件发生后，第一时间掌握的信息具有不确定性，这不仅表现在缺乏关键信息，甚至部分关键信息会是错误的；③未来社会发生的突发事件会更加复杂，不仅是在规模上（如新冠疫情，就是数十年来从未发生的传播如此迅速、影响如此广泛的灾害），也在突发事件的种类上（如恐怖袭击、生化危险品泄露等），这些事件一旦爆发，一般的需求预测方法难以应对。

2.3.2 应急仓库选址不准

解决应急仓库选址问题的难点在于影响因素多样,并且难以纳入规范的数学模型进行规划。应急仓库的选址通常需考虑:①应急仓库所在地必须具备方便的交通运输条件,这样能够减少运输环节的装卸次数,节约运输时间;②应急仓库周边应有水源,并且尽量具有供电、燃气等相应的配套设施;③应急仓库应选择在开阔平坦的地域,有现成的厂房、集体宿舍等设施更佳;④应急仓库地址应靠近受灾严重、需求量大的需求点,以减少运输时间,提高物资保障效率;⑤应急仓库应当尽量覆盖所有的需求点。

2.3.3 配送车辆调度困难

车辆调度应包含配送路径规划以及车辆任务分配两个部分。近年来对于车辆调度问题的研究较多,但多集中于"旅行者问题"的类型,对于应急物资配送这种多车辆、多批次、时效性强、风险性高的调度问题研究并不充分,往往较为片面,不具备可操作性。应急物资配送车辆调度问题的难点在于:①存在时效性、风险性、经济性等多个优化目标;②运输车辆需从物流公司或者运输部队临时筹措;③涉及多车辆,且每辆车的任务各不相同,都将执行多次运输任务;④每个需求点需要的物资不尽相同,需要从多个配送中心(或仓库)向多个需求点运输物资;⑤受灾区域路网复杂,受灾害影响大,规划难度较高。

2.3.4 物资分配效益不高

当应急物资无法满足所有需求点的物资需求时,必须在互为竞争关系的需求点中，选择优先保障哪些应急物资需求，从而减少灾害损失。物资分配通常应考虑公平性和未满足需求的惩罚成本两个优化目标，这两个优化目标相互制约，且所占权重在突发事件发生的准备、响应、后恢复三个阶段各不相同。物资分配的难点在于：①公平性和未满足需求的惩罚成本的权重通常由相关决策者确定，受个人主观意识影响较大；②突发事件初期得到的物资需求来自需求预测，物资需求的精确性较低；③应急物资的种类繁多，确定这些物资需求的紧迫性程度难度较大，且较为复杂。

2.4 国内外研究现状

2.4.1 应急物资需求预测研究现状

需求预测作为应急物资保障的龙头环节，决定着订货采购、应急仓库选址、库存储备、运输调度等一系列工作的展开，是促进应急物资保障科学决策、提升保障效益的关键一步。

预测方法可分为两类：定性预测法和定量预测法，[20]其中定性预测法有经验估算法和德尔菲法等；定量预测法有灰色预测法、案例推理法、神经网络法、时间序列法和回归分析法等，现有关于需求预测的研究大都基于上述方法展开。在选择预测方法时，需要考虑以下预测因素：预测的目标特点、预测的时间期限、预测的精度要求、预测的费用、信息的完备程度与模型的难易程度、历史数据的变动趋势等。[21]依据预测因素不同，选择合适的预测方法，是预测能否成功的关键所在。

倪聪等运用灰色预测法和支持向量机法分别预测油料需

求,再对两个模型的预测结果进行加权平均,获得了比单一模型更精确的预测结果;[22]漆磊等利用布谷鸟搜索算法对指数平滑算法的平滑参数设置进行了优化,提出布谷鸟指数平滑算法,对战中短期、实时消耗类物资的需求进行预测,预测精度较传统的指数平滑算法有较大提高;[25]陈艺娴运用神经网络模型预测地震灾害后伤亡人数,再根据伤亡人数测算应急物资需求数量,拟合效果较好;[27]王炜运用案例推理法对应急资源的需求数量、需求质量和需求种类进行预测,得到了包含定性和定量需求的综合预测结果;[31]蔡文婷等[33]和丛丛等[34]在其各自的研究中,提取了影响客运量的多个变量,构建多元线性回归模型对客运需求进行了预测,结果与实际情况基本吻合;彭湖等建立了基于主成分回归分析法的区域物流需求预测模型,对云南省物流需求规模进行了预测分析,解决了传统的单一回归模型由于自变量可能存在共线性而导致的预测偏差,预测结果平均相对误差较小,精度较高;[35]Basu等在对灾后应急物资需求预测的研究中,首先用主成分回归分析法对避难所的物资需求进行预测,再用案例推理法在救灾控制站对需求进行验证,有效解决了需求端及时预测和决策端信息失真问题;[36]徐春霞等将德尔菲法和不确定统计相结合,用于预测邯郸市GDP,误差较小。[37]

以上方法中,灰色预测法需要的样本数据量少,多用于短期预测,远期预测误差较大;时间序列法的预测对象必须有稳定连续的发展趋势,比较突出时间因素在预测中的作用,易忽略其他因素的影响;神经网络方法具有较强的非线性映射能力和自适应能力,预测性能较高,但当数据过大时,其运算周期较长,且可能会出现过拟合现象;案例推理法逻辑性强,得到的结果具有说服力,但目前来看,国内应急物资保障相关数据积累较少,案例库较难构建；德尔菲法依赖预测者的个人经验和能力，主观性过强；多元线性回归法是一种根据自变量来有效地预测因变量的方法，当搜集到可用的自变量时，多元线性回归是最有效的需求预测方法，但其预测结果易受到自变量的共线性所影响，而主成分回归分析法可以有效解决这一问题，它首先对自变量进行主成分分析以消除其共线性，再对主成分进行回归分析，得出预测结果，表 2.1 是文献综述中预测方法的对比分析。

表 2.1 预测方法对比分析

Table 2.1 Comparative analysis of prediction methods

预测方法	类别	优点	局限	适用条件	示例
灰色预测	定量	需要数据少，短期预测更精准	远期预测误差大	小样本短期预测	文献[22]—[24]
时间序列	定量	仅需自身小样本数据	基于自身趋势预测，忽略其他变量影响	预测变量相对稳定，较少依赖其他变量	文献[25]—[26]
神经网络	定量	有较强的非线性映射能力和自适应能力	运算成本较高，存在过拟合风险	需要较大的数据量	文献[27]—[30]
案例推理	定量	推理逻辑性强，预测结果有说服力	案例库较难构建	需要规模庞大的案例库	文献[30]—[32],[36]
回归分析	定量	通过多维变量预测，结果较精确	自变量多重共线性影响预测结果	自变量较多，且均对因变量有直接影响	文献[33]—[36]
德尔菲法	定性	不依赖历史数据，多重交叉验证	依赖预测者的经验、能力等因素	历史数据材料有限	文献[37]—[38]

2.4.2 应急仓库选址研究现状

1909 年，阿尔弗雷德·韦伯（Alfred Weber）首次提出了仓库选址问题，其目标是将仓库与一组客户之间的总距离最小化。[39]此后，选址理论及其应用在不同的研究领域以及多种多样的模型中得到了发展。各高校、研究机构及相关研究人员考虑了各类紧急情况的特点，有针对性地提出或改进了一系列的选址模型并应用于各类应急仓库选址决策中。本章所研究的应急仓库选址，本质上与应急设施选址属于同类问题，为能够较为充分、广泛地了解研究现状，在前期研究中除了专门查阅应急仓库选址相关文献外，也查阅了应急设施选址的相关文献。下面分别从设施分类、选址模型、求解方法和测试案例四个角度进行分析。

2.4.2.1 设施分类

按照设施的时效性，可将应急设施分为永久性和临时性两类。本节分别进行介绍，并对其特点进行比较，以此作为选取所研究的具体设施种类的依据。

（1）永久性应急设施

永久性应急设施长期存在于固定的地点，在紧急情况时迅速启用并提供应急服务，其典型形式是应急物资储备点。其中需要注意的一个问题是应急仓库数量的把控，因为应急仓库数量在达到一定上限后继续增加，并不会明显提升保障效率，反而会导致建设资金和存储物资的浪费，同时还要将部分物资的时效性考虑在内。应急物资储备点选址是应急物资储备布局优化需解决的关键问题，即在现有物资储备点位置的基础上，根据可能担负的任务、地形交通状况、储存条件和资源配置等因素，科学确定或调整物资的储备布局，为国家物资储备建设和处理突发事件提供更加有效的物资供应。关于应急物资储备点选址问题，张来顺等[40]采用运筹学中动态规划的方法建立了数学规划模型，并采用模型分解与启发式算法相结合的方法求解；陈和等[41]提出了将物联网技术应用到应急物资储备布局的观点；陈智等[42]提出了在考虑运输方式和道路换乘的条件下，对实际运距进行标准运距的换算，以达到不同运送方式下保障时效的可比性，选出布局优化方案；双海军[43]引入了计算机SLAM仿真技术和综合评判方法对储备布局进行优化研究；徐东[44]提出了构建军事物资储备布局评价、调整模型的思路，使得物资储备布局可随军事战略方针和兵力部署的变化而及时、合理地调整；王立杰等[45]将大规模紧急情况可能造成设施失效的因素考虑在内，提出了国家煤炭应急储备中心的选址模型方案。

（2）临时性应急设施

临时性应急设施并不长期开设，而是在发生紧急情况时迅速分析当前情况，在合适地点开设临时设施。因此其具有设施开设简易、选址决策效率要求高的特点。

临时性应急设施的典型代表是救灾一线应急仓库或军事行动中临时开设的野战仓库等，它们属于可随时展开和撤收的移动式仓库。[46]当前的选址问题研究也多集中于各类应急仓库。例如对仓库选址提出优化方法。[47][48][49]此外，还有文献对存储不同物资种类的仓库影响因素进行了研究，其中程飞等[50]提出了野战油库的选址优化模型，刘源等[51]对野战药材仓库选址进行了基于地理信息系统的建模，张帅等[52]利用AHP-FCE模型对野战器材仓库进行了选址研究。不过，在进行选址时，需求点对服务及物资种类和数量的需求会随时间发生变化，如果采用预设分发点的方式就不能很好适应需求的变化。因此，应急仓库选址决策一般需要动态决策。例如，Khayal等[53]就分析了在不同时间阶段的临时设施之间的过量资源调配,力求减少损失,从而对临时物资分发设施进行了动态选址规划。

永久性应急设施设置在固定位置,存储量大、开设迅速,不过其选址、物资分配与预储方面的决策,具有较强的预先判定的特点,很容易出现对紧急情况下突增物资需求应对不足的情况,且难有灵活机动性,也就限制了其保障能力及时转移。

根据需求,应急仓库应能够随时灵活展开和撤收,是一种移动式仓库,适合于救灾等人道主义物流条件下的物资收发、储存、运输、维修等。其容量不如永久性设施大,但具有较强的机动能力、快速展开与撤收能力和物资收发作业能力。[46]从应对现实中不断变化的需求来看,应急仓库具有更重要的研究意义。因此,本章聚焦灾害条件下物资保障需求的不确定性,决定选取应急仓库作为选址建模优化的对象。

2.4.2.2 选址模型

选址问题从地理上分析可分为两种:连续设施选址问题和离散设施选址问题。[54]前者是使设施位于计划的区域内,后者则从候选站点中选取部分建立设施。本章所考察的文献都属于离散设施选址问题的范畴。

(1)基本选址模型

选址问题以基本选址模型为基础,可分为基于覆盖的与基于中值的模型。

基于覆盖的选址模型包括最大覆盖问题、集合覆盖问题和P—中点问题。Jia 等人在进行医疗应急设施选址研究时,提出了最大覆盖问题的模型以最大化满足需求,此类问题通常预先定义了设施提供服务的最大覆盖范围,而后选择设施建设位置,在此预定范围内最大限度地扩展所覆盖的需求。最大覆盖问题通过需求水平的高低对每个需求点进行需求重要程度的区分。而集合覆盖问题的模型则致力于将覆盖所有需求点所需的设施数量最小化，选址目标是在达到特定的需求覆盖水平的情况下，能将建设设施的数量或总的选址成本最小化。这一问题包括了两个要点：一是特定范围的需求点都能在服务设施的指定服务距离（或派送时间）内；二是降低选址设施的数量或成本。此外，"P—中点问题"是第三类基于覆盖的选址问题，其目标是在覆盖特定范围的需求点的情况下，将所有需求点和其分配对应的设施之间的最大距离（或派送时间）最小化。如果其中的某一设施无法满足对应需求点的需求，这些需求点会被分配给可用的开放设施。此类选址问题的要点是需求点对应的设施分配(或者反过来说，将设施进行适当选址并分配特定的需求点)，可称为一种"最小化最大值"的问题。

基于中值的模型包括"P—中值问题"和固定费用设施选址问题。此类问题在候选位置中对设施进行选址，从而使需求点与所分配的设备之间的加权平均距离（时间）成本最小化，满足此目标的设施选址位置成为整个设施系统网络的中值。因为此类问题对设施选址和分配进行了决策，所以也可称为位置分配问题。Hakimi 最早提出了"P—中值问题"，其致力于使设施覆盖的各需求点到设施的加权平均距离最小化，该问题是设施选址中最受欢迎的问题之一。固定费用设施选址问题则和"P—中值问题"密切相关，寻求将设施建立和服务的总成本最小化。

（2）动态选址问题

前面的基本选址问题属于只考虑一个时间周期的确定性问题，因其参数固定，只根据给定状况进行一次选址决策，所以也可称为单一时段选址。然而在现实情况中，由于环境、需求、服务成本和效率会随时间变化，设施选址并不能一劳永逸，反而可能会是一项长期性、持续性的决策过程。因此，有必要考虑动态选址决策，即将整体决策周期划分为多个时间段并在每个时间段根据当前形势对选址决策做出调整，从而达到及时跟进的决策效果。此时，影响设施开设的因素不仅是地理上的，更是时间上的。

（3）随机选址问题

对于带有不确定性因素的选址问题，随机优化是一种广受欢迎的建模方法，在多种专业领域应用广泛并对能对现实问题进行良好的表达。随机选址问题可由确定性问题扩展而来，模型中会包含服从一定概率分布的不确定参数，这些参数可能既存在于目标函数中也可能在约束条件中。

（4）健壮性选址问题

还有针对不确定性选址问题的方法如健壮性优化（也称鲁棒优化）。在此类问题中，不确定性因素概率未知，因此不确定性是通过引入不同的离散场景或连续范围来体现。同时，健壮性优化与随机优化的不同点还体现在健壮性优化的解含有松弛性。[55]

（5）其他问题

除了以上内容，还有部分文献的选址模型属于其他类别。例如，Chanta 等[56][57]在2011年提出了最小化 P—嫉妒模型以体现客户对设施服务的满意度水平差距。此外，应急设施还包括不受欢迎设施选址，即对特定区域内的有害但必需的设施（如反应堆、废水处理厂等）进行选址，使所选设施尽量远离社会公众并尽量集中。因此，不受欢迎选址模型目标与上述模型相反，具体可为如下几种：①所选设施到各目标点总距离最大化；②所选设施在特定范围内能覆盖到的目标点最小化；③所选设施到各目标点的最短距离最大化。

表 2.2 给出了选址问题的归类。从表中可见，确定性的基本选址问题占了现有文献研究内容的大部分，这主要是因为非确定性基本选址问题（包括动态、随机、健壮性等选址问题）大多都可由确定性的基本选址问题发展而来，因此大部分文献基本都可以找到对应的基本选址模型。在确定性的选址问题中，各类型问题所占文献比例为：最大覆盖问题约 23%，集合覆盖问题约 19%，"P—中点问题"约 6%，"P—中值问题"约为 16%，固定费用设施选址问题约 19%。从中可见，除"P—中点问题"外，其他基本选址问题都较受欢迎。同时，基于覆盖的问题研究频率要大于基于中值的问题，其原因在于前者强调一定服务范围覆盖的需求量的多少，后者较为强调效率性，最小化平均或总的派送时间/距离，而紧急情况下很可能没有那么多的服务设施可以提供服务，应急设施的目标应是在紧急情况发生时尽快对尽可能多的需求点提供服务，亦即需求覆盖为先，其总的派送时间或距离并非是最重要的考虑因素。当然，在一些"双层规划"或"多目标模型"中，也可以在优化服务覆盖范围的同时考虑最小化派送时间/距离，例如丁雪峰等[86]就在研究突发事件应急设施选址模型时列出了三个目标函数，即最小化设施建设总成本、各候选服务点到各个救援需求点的最大距离最小化（体现覆盖的公平性），以及各候选点到达各需求点的总加权距离最小（体现服务的效率性）。

表 2.2 选址问题归类

Table 2.2 Classification of location problems

问题类	问题特点		参考文献序号
确定性基本选址问题	基于覆盖的问题	最大覆盖问题	[58] [59] [60] [61] [62] [63] [64] [65] [66] [67] [68] [69] [70] [71] [72]
		集合覆盖问题	[73] [74] [62] [75] [66] [76] [77] [78] [79] [80] [81] [82]
		P—中点问题	[83] [84] [85] [86]
	基于中值的问题	P—中值问题	[87] [85] [88] [89] [86] [70] [90] [91] [92] [93]
		固定费用设施选址问题	[94] [95] [96] [96] [69] [97] [98] [90] [71] [92] [72] [93]
非确定性基本选址问题	动态选址问题		[99] [100]
	随机选址问题		[100] [95] [75] [101] [87] [64] [65] [85] [88] [89] [98] [80] [82] [72] [93]
	健壮性选址问题		[95]
	其他问题		[57]

对于非确定性基本选址问题，在所考察文献中各类型问题的频数为动态问题 2 篇，随机问题 15 篇，健壮性问题和其他问题各 1 篇。令人欣慰的是，国内外都有相当比例的文献考虑了不确定性因素从而对随机选址问题进行研究，这当中包括需求的不确定性和设施工作状态的不确定性——前者针对紧急情况下未知或不便于预测的需求，而后者则主要关注具有破坏性的紧急事件对设施造成损坏，从而导致无法提供服务的情况。需要注意的是，在设施工作状态不确定性的研究中，相关文献基本都只研究了设施完全无法工作以及各设施之间受损概率互相独立的情况，[69][82]而现实中设施可能只是部分受损导致服务效率一定程度下降，且各设施间因道路网络相连的问题会使得设

施失效概率互相关联，因此，随机选址问题的研究还没有很好地解决实际需求。同时，从表 2.2 中还可看出，相关文献对动态选址问题、健壮性选址问题和其他类型的问题研究则还不够充分。动态选址问题主要进行多时段建模以体现参数的时变性，相关文献中 Schmid 等[99][100]在研究救护车派遣和迁移问题时，都考虑了派遣时间因路况等问题而实时变化的情况从而建立动态模型，但时变参数随时间变化的规律不好衡量，其中的不确定性可能会使动态问题变成随机问题，这成了制约动态选址问题发展的一个因素。总体而言，随机、动态和鲁棒性选址模型较贴近实际，都有很好的实用性，但这些非确定性选址模型的应用领域仍有待拓展。需要注意的是，几乎每一类型的选址问题都有部分文献未指定具体设施种类，尤其是集合覆盖问题，这也说明现有文献不太注重具体设施的研究、对设施选址特点的分析较为笼统。

2.4.2.3 求解方法

编程方式归类如表 2.3 所示。就求解方法的编程方式而言，使用通用优化软件直接求解是一种较受欢迎的手段（GAMS、CPLEX 和 Lingo），此外也有文献使用 Matlab 或其他语言自行编制算法程序。本章根据选址模型所用的求解方法对现有应急选址相关文献进行了归类。我们将求解方法分为了精确求解与非精确求解两种精确算法能够找到准确的最优解，适合解决相对简单的优化问题；不过随着选址问题规模的增大，精确算法难以求得最优解，从而促进了以启发式算法为代表的非精确算法的应用。

表 2.3 编程方式归类

Table 2.3　Classification of programming methods

类　　别	所有软件或语言	参 考 文 献
使用通用优化软件	GAMS	[73] [87] [102] [65] [103] [104]
	CPLEX	[94] [73] [100] [83] [53] [62] [63] [64] [105]
	Lingo	[95] [89] [77] [79] [97] [98] [91]
使用编程语言编制算法	Matlab	[106] [85] [76] [67] [68] [107] [69] [41] [70] [90] [92] [82] [72] [93]
	C++	[75] [100]
	C#	[77]
	Java	[60] [63]
	C	[78]
	VB/VB.NET	[61]

在非精确求解中，启发式算法为常用的求解方法，主要包括禁忌搜索、遗传算法、模拟退火、蚁群算法和拉格朗日松弛法；此外也有精确求解方法的使用，主要包括分支界限法、动态规划以及割平面法。相较而言，应用非精确算法可提高求解效率，适于处理实际中较大规模的问题，并有利于对问题进行灵敏度分析。求解方法归类见表 2.4。从表 2.4 中也可看出，非精确算法受到越来越多的欢迎，并逐渐成为选址问题求解使用的主流方法。以下对主要的启发式算法的使用情况进行介绍。

表 2.4　求解方法归类

Table 2.4　Classification of solving algorithms

求 解 方 法	具 体 算 法	参 考 文 献
精确求解方法	分支界限法	[95] [104]
	动态规划	[100]
	割平面法	[104]

续表

求 解 方 法	具 体 算 法	参 考 文 献
非精确求解方法	禁忌搜索	[94] [74] [57] [65]
	遗传算法	[60] [67] [68] [78] [107] [69] [70] [92]
	模拟退火	[58] [96] [66]
	蚁群算法	[105]
	拉格朗日松弛法	[77] [82] [72] [93]
	其他启发式方法	[99] [84]（变化邻域搜索 VNS） [58]（选址—分配启发式方法） [76]（量子竞争决策算法） [86]（模拟植物生长算法） [69]（贪婪算法和上升算法） [81]（量子群优化和细菌觅食融合算法） [90]（隐枚举一下降算法） [71]（上升启发式算法）

（1）禁忌搜索

国外学者 Aksen 等[94]为系统规划人员研究双层固定费用选址问题，求解时便是使用 CPLEX 11.2 优化软件，选择禁忌搜索算法进行求解。同样，Pramudita 等[74]在研究灾后废物清理站点选址问题时也使用了禁忌搜索算法。

（2）遗传算法

遗传算法（Genetic Algorithm）是一种通过模拟自然进化过程搜索最优解的方法。国外学者 Toro-Díaz 等[41]就使用了遗传算法求解应急医疗设施的选址问题。

值得一提的是，遗传算法作为一种使用广泛的启发式算法，有很多变种，其中非受控排序遗传算法（NSGA-Ⅱ）在所考查文献中多次出现。例如，国内学者付德强等[92]便使用此算法求解了应急物资储备库的多目标优化选址模型。

（3）模拟退火

模拟退火（Simulated Annealing）算法来源于固体退火原理，

是一种基于概率的算法。和遗传算法相似，作为一种常用的启发式方法，模拟退火算法也常被用来和新提出的求解方法进行比较。例如，Murali 等[58]研究在生物恐怖袭击下，大城市药物分发设施选址时，便同时使用了新提出的选址—分配启发式和模拟退火求解所提出的模型并进行了两种算法的比较。

（4）蚁群算法

蚁群算法是一种用来寻找优化路径的概率型算法。在相关文献中，Su 等[105]在比较不同算法后选择以蚁群算法为基础求解上海应急医疗系统选址效费比问题。

（5）拉格朗日松弛法

在原问题函数无法获得精确解析解的情况下，拉格朗日松弛算法通过松弛引起计算难度的约束条件并添加到目标函数中，将其转化为不受任何约束且易于求解的问题，并引入拉格朗日乘数，从而在保持原函数线性特征的前提下实现对原问题进行近似优化求解。此外，使用该方法求解时，随着数据规模的增加，拉格朗日松弛法的计算量仅呈现近似线性增长，从而克服了其他优化方法常常遇到的"维数灾"的缺陷，得到比较好的次优解。国内学者翁克瑞[77]和王继光等[82]在研究设施选址问题时都使用了此方法进行求解。

（6）变邻域搜索算法

变邻域搜索算法（Variable Neighborhood Search，VNS）的主要思想是，采用多个不同的邻域进行系统搜索。首先采用最小的邻域搜索，当无法改进解时，则切换到稍大一点的邻域。如果能继续改进解，则退回到最小的邻域，否则继续切换到更大的邻域。变邻域搜索的特点是利用不同的动作构成的邻域结构进行交替搜索，在集中性和疏散性之间达到很好的平衡。其思想可以概括为"变则通"。

总体而言，面对越来越大量的数据和复杂的模型，优化求解的性能要求越来越高，应急设施选址的实时决策面临着计算时间长、效率低的问题。另外，当前求解选址模型的方法中启发式算法已经比精确算法更受欢迎，但应用较多的还只是如遗传算法、模拟退火等较经典的启发式算法。近年来提出的较新的启发式算法（如生物地理学优化算法、布谷鸟搜索、水稻田算法、仿生算法、烟花算法等）都体现出较好的全局搜索能力，追求高精度、优良的稳定性和较强的应用性，在各类工程优化问题中都具有良好的推广前景。但应急设施选址模型求解中对此类算法的使用较少，也缺乏针对具体问题的改进。

2.4.2.4 模型测试用例

为了展现模型的有效性，一般需要将模型应用到一系列具体的实例中求解并进行分析。总体而言，现有应急选址文献大多提供了其模型的测试用例研究与验证的相关内容。测试用例按数据的真实性可分为两种，一是使用随机生成数据（假设数据）或标准的测试用例，此种方法相对方便，尤其是许多现成的测试用例都可以从互联网上直接下载获取；二是使用真实案例或历史记录的真实数据，这需要做大量的持续性的数据收集工作，而这类应用由于有真实数据作为基础，毫无疑问能更贴近模型所针对的实际应用，也更具有令人信服的可靠性。本章根据两种类型的案例研究将其文献进行了归类，结果如表 2.5 所示。

表 2.5　案例研究归类

Table 2.5　Classification of different types of case studies

案例所用数据		参 考 文 献
使用假设数据	现有测试用例	[77] [93]
	随机生成用例	[94] [75]
	其他假设用例	[59] [61] [96] [88] [66] [76] [67] [89] [68] [86] [69] [79] [90] [91] [92] [82]
使用真实案例和数据		[58] [73] [69] [100] [95] [74] [57] [83] [106] [62] [63] [101] [87] [84] [64] [105] [102] [65] [85] [78] [107] [97] [70] [81] [71] [72]

从表 2.5 可见，出于模型应用真实性的考虑，同时也得益于求解算法性能的提升（尤其是启发式算法越来越多的应用），使用真实案例数据构造测试用例的文献占比达到了约 42%（而完全使用假设数据的文献占比约 31%），案例规模也越来越大。但需要注意的是，现有文献在使用真实数据构造案例的过程中仍然存在一定程度的假设，主要体现为：①需求点的聚集，即在需求点过多时将一定范围内的需求点聚合（aggregate）为一个需求点并计算出此聚合点总的需求量；②使用行政区划、人口等地理环境数据，据此对需求进行估算。

同时还应指出，使用"真实"数据并不一定就是最可靠的。如前所述，真实数据的采集是一项繁重的工作。虽然其一般具有较高的可信度，但在灾害等大规模紧急情况下数据采集会因为潜在的危险变得十分困难，再加上通信不畅等因素，此时数据的有效性、准确性会受到一定影响，甚至在有些情况下无法采集。

2.4.3　应急物资配送车辆调度及物资分配研究现状

应急物资配送车辆调度和应急物资分配两个问题在解决过

程中密切相关,在大量文献中被当作一个整体进行讨论。为避免赘述,本书将两个问题的研究现状结合在一起进行讨论。为便于充分理解各文献中所使用的专业术语,首先对应急物资配送、车辆调度、物资分配和建模与优化的基本概念进行说明。

"配"主要是在仓库等支点上将货物准备分拣,"送"主要指货物的运送。[108]配送是一种活动过程,它指的是在配送中心分货,配货并及时地运送到指定地点的综合活动过程,从而保证需求点需要,如图 2.2 所示。由于突发事件发生地域情形多变,时间约束性强,道路易被损毁,使得应急物资配送与平时的企业物资配送有巨大差异,其约束目标的重要性发生了偏移,其约束条件也产生了变化,这需要我们重新进行全面的论证。

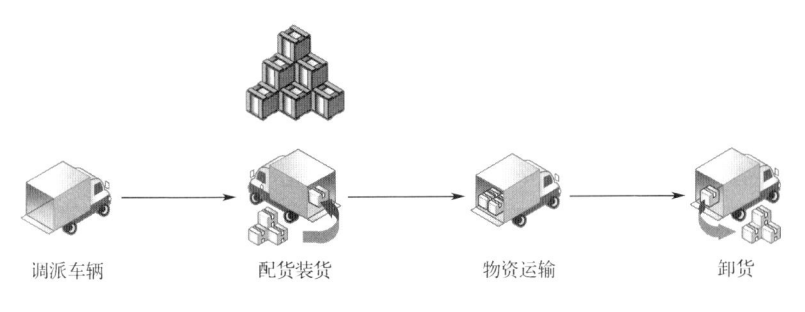

图 2.2 应急物资配送过程

Fig.2.2 Emergency material distribution process

车辆调度问题(Vehicle Scheduling Problem,VSP)[109]是指以路程最短、费用最小、耗时最少或需求满足率最高等为优化目标,同时假设车辆在满足一定的约束条件下,从一个或多个配送中心,为多个需求点配送货物,每个配送中心也会有一种或多种车型,最终得到最优的调度路线。VSP 已被证明是一个非确定性多项式—不易解决的问题（Non—deterministic Polynomial—Hard，NP—Hard）。

物资分配问题（Material Allocation Problem，MAP）是指将有限的物资分配给相互之间具有竞争性的主体，从而使物资效益达到最优。[110]基于物资分配问题的定义，可以认为，应急物资分配是指，为应对突发事件，在时间极其紧迫的情况下，将有限的救灾物资分配给受灾点及受灾人员，以尽量减少受灾损失。

2.4.3.1 模型的构建

本书分析的物资配送车辆调度及物资分配模型研究文献如表2.6所示，着重从每个需求点是否仅被单车保障[111]、是否采用动态模型、数据类型、配送中心类型、有无时间窗、车辆类型、优化目标类型、周期类型等方面进行归纳总结。其中，数据类型是指物资配送车辆调度及物资分配的影响因素是确定的值或者是具有确信度[112-117]的值（如需求量、道路通行速度、道路风险值等），周期类型是指物资是否分为多个时间段进行配送。下面以优化目标进行分类，对这些文献的模型构建进行归纳和总结。

表2.6 物资配送车辆调度及物资分配模型研究

Table 2.6 Research on the model for vehicle scheduling and material distribution

文　　献	每个需求点仅被单车保障	动态模型	数据类型	配送中心类型	时间窗	车辆类型	优化目标类型	周期类型
高啸峰（2011）	是	否	确定	多	有	单	路程最短	单
马冬青等（2014）	是	否	确定	单	无	单	路程最短	单

续表

文　献	每个需求点仅被单车保障	动态模型	数据类型	配送中心类型	时间窗	车辆类型	优化目标类型	周期类型
吴聪等（2015）	是	否	确定	单	无	多	路程最短	单
Hongtao Shi 等（2010）	是	否	确定	单	无	单	路程最短	单
Thibaut Vidal 等（2013）	是	否	确定	多	有	单	路程最短	多
王龙昌（2016）	是	是	模糊	多	有	单	费用最小	单
王华东等（2012）	是	否	确定	单	有	多	费用最小	单
苏涛等（2012）	车队	否	确定	单	无	单	费用最小	单
阎俊爱（2015）	否	是	模糊	多	有	单	耗时最少	单
张汉鹏等（2015）	车队	否	确定	两	无	单	耗时最少	单
Javier Barrachina 等（2013）	车队	否	确定	单	无	单	耗时最少	单
Djamel Berkoune 等（2012）	否	否	确定	多	有	多	耗时最少	多
郝瑞卿等（2015）	是	是	确定	单	有	单	耗时最少、费用最小	单
姜海洋（2015）	车队	否	模糊	单	无	单	耗时最少、风险最小	单
陈勤等（2012）	是	否	确定	单	无	单	耗时最少、风险最小、费用最小	单
李宇飞（2016）	车队	否	确定	单	无	单	耗时最少、风险最小、费用最小	单
杜苗苗（2014）	车队	否	确定	单	无	单	耗时最少、费用最小	单
Gerhard Hiermann 等（2016）	是	否	确定	单	有	多	费用最小、路程最短	单
王晶等（2014）	是	否	确定	多	无	单	路程最短、风险最小	单
何勇（2016）	是	否	确定	单	无	单	耗时最少、费用最小启用配送中心、中转地最少	单
王连锋等（2013）	是	否	模糊	多	有	单	耗时最少、风险最小	单

续表

文　献	每个需求点仅被单车保障	动态模型	数据类型	配送中心类型	时间窗	车辆类型	优化目标类型	周期类型
Yu-Jun Zheng 等（2013）	是	否	模糊	单	有	单	耗时最少、费用最小、风险最小	单
Yuan Yuan 等（2009）	车队	否	确定	单	无	单	耗时最少、路径复杂度最低	单
Yunmei Qin 等（2010）	是	否	确定	单	无	单	所用车辆最少、费用最小	单
Narges Norouzi 等（2016）	是	否	确定	单	有	单	耗时最少、耗油最少	单
杜丽敬（2015）	否	否	模糊	单	无	多	耗时最少、需求满足率最大	多
Fu-Sheng Chang 等（2014）	否	否	确定	多	无	多	耗时最少、费用最小、需求满足率最大	单
Xiaohong Duan 等（2015）	否	是	确定	多	有	多	耗时最少、需求满足率最大	单
Xiaobing Gan 等（2015）	是	否	模糊	单	无	多	风险最小、费用最小、需求满足率最大	单
Jie Zhang 等（2012）	否	否	确定	单	有	单	耗时最少、需求满足率最大、公平性最高	多

（1）单目标物资配送车辆调度及物资分配模型

① 路程最短。即车辆行驶路径总长度最短。高啸峰[118]建立了多个配送中心利用多辆车配送物资的模型，但未考虑动态模型问题。马冬青等[119]建立了单个配送中心对多个需求点进行配送的模型，并提出了双向配送的要求，有效提高了配送效率。吴聪等[120]也建立了单个配送中心对多个需求点进行配送的模型，其中着重考虑了多车辆类型的情况。Shi 等[121]构建的模型只考虑了总距离最短一个目标，且每个需求点只能被一辆车服

务。Vidal 等[122]建立了多周期、多配送中心、需求点只能被特定车辆保障的三种带时间窗的车辆调度模型，综合考虑了物资配送过程中可能出现的各种情况。

② 费用最少。通常考虑每公里的行驶成本和车辆启用数，尽可能减少运输费用。王龙昌[123]采用软硬时间窗相结合的方式构造惩罚函数，建立了多个配送中心并利用多辆车进行配送的模型，同时伴随有新的配送需求产生。王华东等[124]在对配送成本的考虑中，加入了车辆数因素，并对配送时间加上了单向硬时间窗，该模型很好地解决了现代企业物流的许多问题。苏涛等[125]以配送总里程最短为目标，建立了单次配送中的路径规划模型。

③ 耗时最少。即整个配送任务的完成时间最短。阎俊爱等[126]通过对往期需求进行分析，模糊估计需求点所需的救援物资，采用实时信息/时变信息（实时信息是指当前时刻的道路信息，时变信息是指道路的历史数据）相结合的方式估计各路段的行驶速度，综合考虑时间窗和总配送时间最短，形成时间满意度最大这一优化目标。张汉鹏等[127]提出了二级配送的假设，区分主仓库、分发中心进行交替配送，该模型对主仓库发生灾害影响可能性的考虑具有启发性。Barrachina 等[128]在综合考虑车道数和车辆密度的基础上建立模型，采用车载通信工具提前通知道路上的车辆，减少应急运输车辆的拥堵时间。Berkoune 等[129]建立了多配送中心、多需求点的模型，考虑了最大工作时间，并且利用人在回路决策简化了算法，最终求得最少的总运输时间。

（2）多目标物资配送车辆调度及物资分配模型

除路程最短、费用最少、耗时最少外，一些文献把中转地

最少、所用车辆最少、路径复杂度最低等影响因素也纳入了考察范围。在处理过程中大多数文献利用权重系数加权求和把多目标问题简化为单目标问题；部分文献选择直接求 Pareto 最优解（能在所有优化目标中优于 Pareto 最优解的解是不存在的），从而得到 Pareto 前沿（即 Pareto 最优解集）；少数文献采取分层求解[130]的方法，在满足第一优化目标的前提下，使第二优化目标尽可能最优。

郝瑞卿等[131]在车辆速度一定的假设下，利用总配送时间与配送路程成正比的关系，把双目标问题转化成了单目标问题，建立了对应模型，并且考虑了动态模型问题，即在配送实施过程中，仍然会产生新的配送需求。姜海洋[132]考虑配送中的风险系数，建立了单个配送中心、多个需求点的模型，利用权重系数把最小化运输时间和最小化风险概率的双目标问题转化为了单目标问题。陈勤等[133]针对总用时最少、安全性指数最大、总配送费用最小建立了多目标模型，并且考虑了车辆的最大配送距离，但忽视了需求点的需求量和车辆运输容量的限制。李宇飞[134]考虑了受损道路的通行时间阻抗、基于道路可靠性的风险阻抗、基于时间依赖网络的费用阻抗，利用权重法计算综合边权，并进行无量纲化处理，形成单目标模型，对禁行路段和必经路段的情况也有所涉及。杜苗苗[135]考虑配送物资的种类、道路拥挤和驾驶员个人因素等情况，建立了物资分批运输模型，并利用权重系数转化为单目标问题。Hiermann 等[136]建立了基于电动车进行物资配送的车辆调度模型，并综合考虑了电动车种类、电池消耗和充电站位置的影响。王晶等[137]基于车辆路线安排的总路程（费用）和车辆路线安排的风险两个目标建立了模型，并且在风险值中加入了运输量要素，使风险值更切合实际。何勇[138]建立了省级物资供应地、市级物资中转地、物资急需地三层配送模型，应用基于加权排序的方法将三个目标转换为单目标，解决了多源多汇的问题。王连锋等[139]建立模糊期望值模型，形成最小化车辆全部返回的期望时间和最大化最危险线路的期望安全通过率两个目标函数，并没有利用加权转化为单目标，而是直接求 Pareto 最优解。Zheng 等[140]建立了铁路、空运、公路运输三种配送模型，并考虑通用车辆和专用车辆的情况，完成时间、总消耗、总风险三个优化目标的求解。Yuan 等[141]建立了两种模型：第一种为，每一路径上的运输速度是随时间连续变化的；第二种则是，在紧急情况下，由于拥堵和恐慌发生，需尽量选择路径复杂度最小的路径。Qin 等[142]考虑了车辆在体积和载重两个方面的约束，建立了单配送中心、多需求点的模型。Norouzi 等[143]考虑了行驶速度的连续变化，把油料消耗列入优化目标，并在求解油料消耗时，综合考虑载重量，风速，道路坡度，行驶距离等因素的影响。

（3）考虑需求满足率、公平性的物资配送车辆调度及物资分配模型

提高需求点的总体需求满足率是物资配送的根本目标，而在一些情况下，向需求点运输物资时，还需兼顾公平性。需求满足率和公平性的影响在以下文献中得到了考虑。

杜丽敬[144]建立了多配送中心、多需求点模型，不要求每个需求点仅能使用一辆车服务，考虑了多周期、多车配送情况，并着重解决了对于需求满足率的要求，防止出现不公平配送的情况。Chang 等[145]建立了多个配送中心向多个需求点进行配送的模型，并不要求每个需求点只能被一辆车服务，以需求的未满足率、交货时间和运输成本最小为优化目标。Duan 等[146]建

立了双层车辆调度模型，在已发生的事故得到有效救援的前提下，尽可能地分配车辆以防范将来可能发生的事故。Gan 等[147]采用效用界定了救援物资对各个需求点的作用大小，进一步提高了物资配送的需求满足率。Zhang 等[148]在模型构建中采取加权方法来折中三个目标：一要尽量减少未满足的需求量，即总需求和供应量的差额；二要试图获得最小的运输总时间；三要考虑救援行动的公平性，任何两个区域之间的令人满意的指数差异应该被最小化；同时，还考虑了每天的最大工作时间，并且不要求每个需求点只能被一辆车服务。

（4）存在问题

从以上文献分析中可以看出，目前物资配送、车辆调度及物资分配模型的研究存在以下 5 个方面的问题。

① 多数文献仅仅考虑了每个需求点只能使用单车配送的问题（或者简单抽象为单车队进行保障），但在紧急情况下，应急救援物资的需求量是巨大的，这与实际情况并不相符。

② 在考虑车辆调度的优化目标时，大多数文献以耗时最少、费用最小、路程最短或者风险最小为目标来研究配送问题，少数学者从需求满足率与公平性的角度来考虑应急救援物资的调度，对于物资损失和需求的紧迫性的考虑不足。

③ 对于动态问题的研究，大多数文献仅考虑需求的变化及道路的拥堵情况，忽略了道路损毁的动态变化。然而在突发事件发生过程中，道路极易被损毁或发生堵塞，根据道路状况改进物资分配方案是需着力解决的突出问题。

④ 当配送车辆不足以一次配送到位时，多数学者是在全部车辆都完成配送的基础上，安排再次配送，并没有分别按每辆车安排多次配送任务，与实际配送情况不相符，使得最终形成的物

资分配方案缺乏灵活性。

⑤ 几乎所有文献都认为车辆的初始状态都是停靠在配送中心,而没有考虑车辆错落分布的情况,但我国大规模物资运输力量大多属于运输公司或运输部队[149~150],配送中心本身运输力量往往不足以完成大规模应急物资的配送任务。

2.4.3.2 优化算法

本节主要分析表 2.6 中物资配送车辆调度及物资分配模型所采用的优化方法,着重从优化目标数、优化方法、结果形式和有无对比实验等方面进行归纳总结。物资配送车辆调度及物资分配优化方法研究如表 2.7 所示。下面以优化方法进行分类,对这些文献的优化求解进行归纳和总结。

表 2.7 物资配送车辆调度及物资分配优化方法研究

Table 2.7 Research on optimization method of vehicle scheduling and material distribution

文　献	优化目标数	优化方法	结果形式	对比实验
阎俊爱(2015)	1	改进的遗传算法	可行解	无
Jie Zhang 等(2012)	3	改进的遗传算法	可行解	无
Djamel Berkoune 等(2012)	1	遗传算法	可行解	有
Thibaut Vidal 等(2013)	1	混合遗传算法	可行解	有
陈勤等(2012)	3	改进的 NSGA-Ⅱ算法	Pareto 最优解	有
马冬青等(2014)	1	改进的粒子群算法	可行解	有
吴聪等(2015)	1	改进的粒子群算法	可行解	有
王华东等(2012)	1	改进的粒子群算法	可行解	有

续表

文　献	优化目标数	优化方法	结果形式	对比实验
王连锋等（2013）	2	改进的粒子群算法	Pareto 最优解	有
Narges Norouzi 等（2016）	2	改进的粒子群算法	可行解	有
Xiaobing Gan 等（2015）	3	粒子群算法	可行解	无
郝瑞卿等（2015）	2	混合遗传蚁群算法	可行解	有
苏涛等（2012）	1	蚁群算法	可行解	有
Hongtao Shi 等（2010）	1	蚁群算法	可行解	无
李宇飞（2016）	3	时间依赖网络（TDN）算法	最优解	无
杜苗苗（2014）	2	Lingo	最优解	无
王晶等（2014）	2	禁忌搜索算法	可行解	有
张汉鹏等（2015）	1	多起点迭代局部搜索算法	可行解	有
杜丽敬（2015）	2	基于非列解排序的差分算法（NSDE）	Pareto 最优解	有
Xiaohong Duan（2015）	2	双层混合蛙跳算法	可行解	有
Gerhard Hiermann（2016）	2	自适应大规模领域搜索算法	可行解	有
王龙昌（2016）	1	双种群遗传算法，捕食搜索算法	可行解	有
高啸峰（2011）	1	表上作业法，改进节约算法	可行解	无
姜海洋（2015）	2	改进的 Dijkstra 算法，改进的 C-W 节约算法	最优解	无
何勇（2016）	3	聚类算法，粒子群算法	可行解	有
Yu-Jun Zheng 等（2013）	3	多目标禁忌搜索算法，多目标遗传算法	Pareto 最优解	有
Fu-Sheng Chang 等（2014）	3	Dijkstra 算法，遗传算法	可行解	有

续表

文　献	优化目标数	优化方法	结果形式	对比实验
Yuan Yuan 等（2009）	2	改进的 Dijkstra 算法，蚁群算法	可行解	无
Javier Barrachina 等（2013）	1	Dijkstra 算法，进化策略	可行解	有
Yunmei Qin 等（2010）	2	改进的动态聚类算法，动态规划	最优解	无

（1）精确算法求解

通过精确算法能够找到唯一准确的最优解，常见的精确算法有 Dijkstra 算法、"分支—定界"算法以及"动态规划算法"等，它们通常适合解决相对简单的优化问题，对于特定假设条件下的物资配送模型也可以采取精确算法进行求解。

李宇飞[134]提出了一种时间依赖网络（TDN）算法来求解最优路径。杜苗苗[135]用 Lingo 编程求解最短路径，解决了单源单汇问题。Qin 等[142]采用改进的动态聚类算法解决车辆分配问题，采用动态规划解决车辆路径问题，能够有效解决 13 个需求点规模的多车辆旅行者问题。

（2）启发式算法

启发式算法主要包含遗传算法（Genetic Algorithm，GA）[151]、粒子群算法、蚁群算法[152]等，已被广泛应用于 VSP 求解，并取得了较好的优化效果。

① 遗传算法。阎俊爱等[126]采用变长度符号编码改进遗传算法，优化了初始种群选择和交叉变异过程，并在不同时刻进行了多次规划，解决了多源单汇问题。Zhang 等[148]提出了亲密函数概念，以及对相关节点进行聚类的遗传算法。通过 Courdeau-sdvrp 数据集实例检测，能够解决实际配送问题。

Berkoune 等[129]提出了三种优化方法：一是使用 Cplex12.1 的经典分支绑定过程，具有启发式停止标准；二是快速构建启发式算法生成一组可行解；三是使用第二种方法输出的可行解作为初代的遗传算法。实验结果为：Cplex 在问题规模过大时，无法得到有效解；集枚举启发式算法随着代数增加，运算效果会下降；遗传算法运算速度快，运算效果较好。在涉及三个配送中心和 60 个需求点的实例中，遗传算法在 60s 的计算时间内产生平均差距小于 0.72%的解方案。Vidal 等[122]提出了具有适应性差异控制的混合遗传算法，与多种算法分别针对三种车辆调度模型进行求解，具有适应性差异控制的混合遗传算法总能找到最优解，证明了其有效性。陈勤等[133]采用改进的 NSGA-Ⅱ算法进行单个配送中心、多辆车的路线规划问题求解，改进算法所得到的最优路径的总时间、总安全系数、总费用比 NSGA-Ⅱ算法更优，但运行时间更长。

② 粒子群算法。马冬青等[119]对标准粒子群优化算法进行改进，在多次迭代中引入爬山操作，增强了算法的局部搜索能力。对爬山算法、粒子群算法、改进粒子群算法、动态规划法进行比较，在需求点数量较少时，爬山算法结果最优，在需求点数量较大时，改进粒子群算法最优。吴聪等[120]利用改进粒子群算法进行求解（使加速因子 $c1$ 线性增大，$c2$ 线性变小），并且选择标准粒子群算法、遗传算法、蚁群算法以及动态规划法与其进行 200 次迭代对比实验，改进粒子群算法找到最优解的成功率增加，而且求解时间也有所减少。王华东等[124]对标准粒子群算法的惯性权重 w 进行改进，提出一种惯性权值 w 非线性变化粒子群算法。采用标准粒子群算法、遗传算法、蚁群算法进行对比仿真实验，改进的粒子群算法的物流配送路径寻优成

功率达 98%以上。王连锋等[139]提出改进的约束多目标粒子群优化算法解决单配送中心问题,并引入局部搜索和变异算子避免算法早熟。在 Solomon 案例中,与 NSGA—II 算法、带双存档机制的多目标粒子群算法进行比较,该算法可以在更短的时间内获得更高质量的解。Norouzi 等[143]提出改进粒子群优化算法,使粒子的搜索速度随时间变化,优于经典的粒子算法,能提升 6%的优化结果,节约 30%的优化求解时间。Gan 等[147]进行了模糊化处理,利用粒子群算法解出了模型,验证了模型的正确。

③ 蚁群算法。郝瑞卿等[131]提出了混合遗传蚁群算法,利用遗传算法进行全局快速搜索产生初始解,将其转化为蚁群算法的初始信息素分布,随后利用蚁群算法的正反馈机制及并行性等特性高效求解问题的最优解。对混合算法与蚁群算法进行了比较,前者可有效解决遗传算法求解效率低及蚁群算法收敛过早的问题。苏涛等[125]采用蚁群算法来解决旅行商问题(Travelling Salesman Problem,TSP),并对蚁群数目 m、信息启发因子 α、期望启发因子 β 的不同取值进行比较,信息启发因子 α 取 1~5,期望启发因子 β 取 1~5,蚁群算法均能获得较好的搜索结果。Shi[121]采用蚁群算法解决单配送中心、多车辆、多需求点的问题。

④ 其他算法。王晶等[137]使用禁忌搜索算法直接解决了多配送中心、多需求点问题。张汉鹏等[127]提出了多起点迭代局部搜索算法解决两级车辆配送问题,针对主仓库发生灾害影响的情况,对单独策略、乐观协同策略、悲观协同策略、折中协同策略进行比较,折中协同策略效果最好。杜丽敬[144]通过平均权重法将三角模糊数转化为确定值,再采用基于非劣解排序的差

分算法（NSDE）求得 Pareto 最优解集。在基于雅安地震的实例中，NSDE 算法在 Pareto 近似最优解集、收敛性、运行时间上优于遗传算法。Duan 等[146]提出双层混合蛙跳算法求解双层车辆调度模型，与蛙跳算法、双层粒子群优化算法进行对比分析，优化结果更好。Hiermann 等[136]提出了自适应大规模领域搜索算法，与 Cplex 以及不包含标签算法的自适应大邻域搜索进行对比实验，取得了更优的计算结果。

（3）多阶段求解[153]及混合算法

王龙昌[123]提出了二级模糊综合判定法划分配送中心，利用双种群遗传算法对运输路径进行规划，再与捕食搜索算法相结合，动态改变遗传算子中的交叉和变异概率，更大限度地打破种群内部的平衡。改进算法得到的平均最优解优于标准遗传算法和并行遗传算法得到的结果。高啸峰[118]运用表上作业法确定各配送中心的配送范围，再运用改进节约算法优化车辆调度路线。姜海洋[132]采用优化的 Dijkstra 算法进行单源单汇问题求解，采用改进的 C—W 节约算法解决了单源多汇问题（即旅行者问题）。何勇[138]先采用聚类算法把需求点分配给配送中心，再使用粒子群优化算法计算出最优的车辆配送路线。Zheng 等[140]采用多目标禁忌搜索算法（MOTS）解决任务分配、运输资源分配两个问题，采用多目标遗传算法（MOGA）解决运输规划和车辆路径问题。在盈江地震实例中，该混合算法要优于多目标禁忌搜索算法、进化策略与差异编译算法、非线性多目标优化免疫算法、多目标差分进化算法。Chang 等[145]先采用 Dijkstra 找到最短路径，再使用基于贪心搜索的多目标遗传算法求解配送路线。在基于我国台湾省南投县集集镇大地震的模拟运输中，该算法优于多目标遗传算法和标准贪婪算法。Yuan 等[141]采用改进的 Dijkstra 算法求解第一种模型，采用蚁群算法求解第二种模型。在一个假设的 20 节点网络中，证明了算法的有效性。Barrachina 等[128]在考虑车道数和车辆密度两种情况下，使用 Dijkstra 算法和进化策略解决路径规划问题。通过实验证明，基于密度的进化策略同时减少了运行时间和应急服务的到达时间，要优于 Dijkstra 算法和单纯的进化策略。

（4）新颖算法

除上述文献中采用的算法外，Zheng 等[154]对 6 种较新的进化算法进行了对比实验：一是标准粒子群算法（PSO 2007），具有局部随机拓扑和几个优化调整；二是自适应的差分进化算法（SaDE），其变异模式和控制参数通过从前几代学习而自适应调整；三是混合生物地理学优化算法（B—BBO），它通过混合迁移算子改进基本生物地理学优化算法；四是改进的遗传算法（GA），由三个快速改进程序完成算法改进；五是基于梯度的局部搜索来获取准确局部搜索的粒子群算法，即 GPSO；[155]六是采用全局迁移和局部迁移的组合来完成改进的生物地理学优化算法，即 EBO。[156]在 10 个抢险救灾案例实验中，EBO 和 GPSO 通常比其他 4 种进化算法表现更优，并且其性能优势随着问题维度的增加而增加，但在雅安地震这种大规模案例中，即使是 EBO 和 GPSO 也无法在规定时间内得到有效解。

（5）存在问题

从以上文献分析中可以看出，目前物资配送车辆调度及物资分配优化算法的研究存在以下问题。

① 物资配送车辆调度及物资分配是多目标多约束问题，涉及情况复杂，在实际配送中的突发情况难以预测，利用现行算法在规定时间内很难得到理想结果。大多数算法容错率较低，得

出的优化结果并不能每次都满足配送要求，容易陷入区域最优。

② 大多数文献仍然采用遗传算法、蚁群算法、粒子群算法等经典的启发式算法解决车辆调度问题，较少文献对各种先进的算法及其混合算法进行了研究，对先进算法效率的评估不够充分。

③ 在一些文献中对于需求量、配送满足度、风险性等进行了模糊化处理，但由于缺乏规范化的数据收集和处理，得到的结果大都不理想，不具备可操作性。

④ 目前，物资配送车辆调度及物资分配研究的大多数测试数据都是由计算机随机生成，只有小部分采用的是真实数据。更重要的是，将启发式算法成功运用于应急物资配送车辆调度及物资分配的案例还是太少，并且多数求解结果不能满足决策者的需要。

2.5　研究意义与作用

一是有利于优化应急物资保障体系。课题组通过对现有"筹、储、供"应急物资保障体系进行梳理，提出通过需求预测实现物资精确筹措和快速预置预储，通过仓库选址实现准确的物资分流，通过车辆调度实现高效的物资中转，通过物资分配打通物资供应的"最后 1 公里"，这不仅是对现有物资保障环节的改进，更是对应急物资保障体系的优化。

二是有利于"配送式"应急物资保障模式的形成。1996 年，美军提出了"主动配送"的后勤保障新模式，即在需求发生之前或发生瞬间便能做出物资配送方案，进而可以有效提升紧急情况下物资保障效益，其核心就在于精确和快速的保障决策。

本书通过对物资需求预测、仓库选址、车辆调度和物资分配等子问题进行建模与优化，能减少保障方案拟定时间和配送完成时间，提高配送的精确度，可以有效促进"配送式"应急物资保障模式的形成。

三是有利于提升应急物资保障决策水平。应急物资保障的核心在于高效，是否能在允许等待的时间限度之内按规定交付足量的物资是衡量保障决策优劣的首要标准，本书针对掣肘物资保障效率的四个关键环节：需求预测、仓库选址、车辆调度和物资分配，充分考虑各自决策流程和内在特点，通过建立模型和优化算法进行辅助决策，可以有效提高决策计算的速度和精度，促进应急物资保障决策水平的提升。

四是有利于提高物资保障的精确性。精确化即在适当的时间、地点，配送适当数量和品种的应急物资。在准确掌握可提供物资的数量、品种、型号和位置的基础上，通过对物资配送过程进行优化，制定出详细的物资配送方案，从而精确满足各灾后安置点的物资需求。相较于传统人工拟定物资配送方案，可以充分利用计算机计算速度快的优势，提高保障效率，避免不必要的人为差错，使得物资保障的精确性有较大提升。

2.6 研究思路与技术路线

本课题的研究目的在于找准影响应急物资保障效能的关键因素，准确预测物资需求量，在合适位置建立应急仓库，将有限的资源通过车辆的配送调度，适时、适地、适量地运送到应急仓库，再由应急仓库将物资分配给受灾安置点的群众，具体研究思路与技术路线如图 2.3 所示。

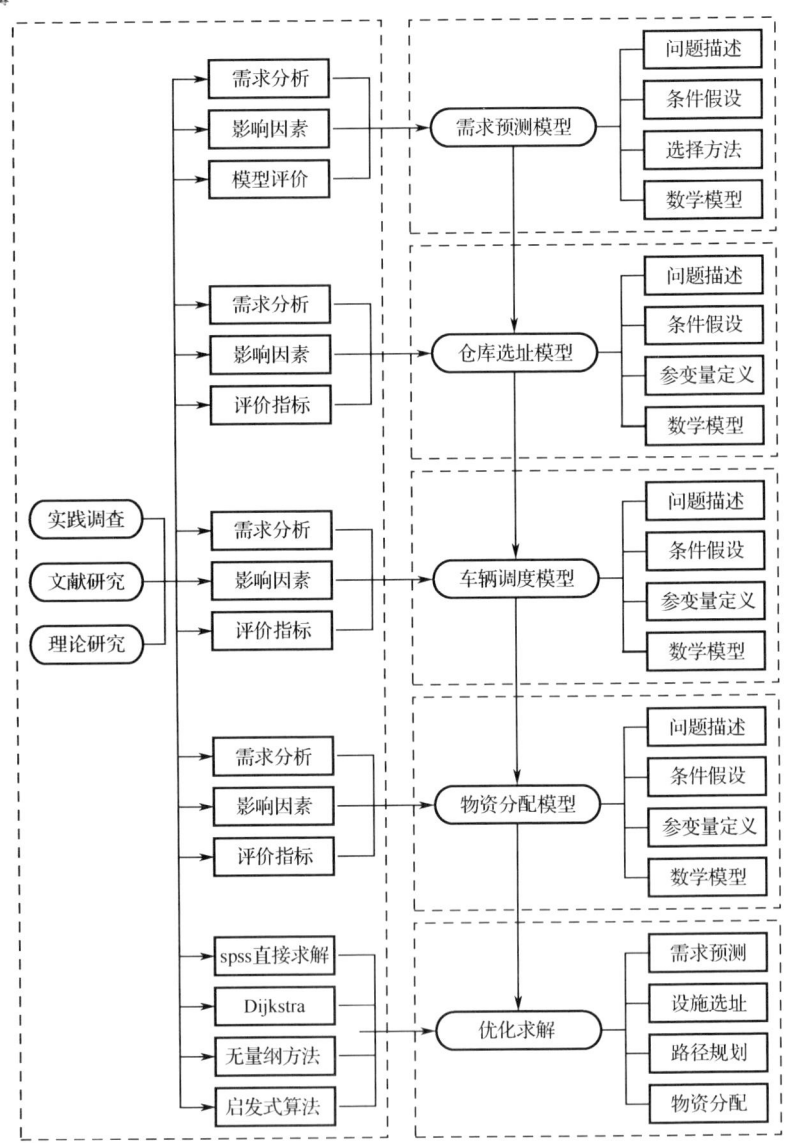

图 2.3　研究思路与技术路线

Fig2.3　Research idea and technical route

（1）通过到应急管理部门实际调研，了解应急物资保障现状，明确应急物资保障的实际需求。阅读需求预测、设施选址、车辆调度、路径规划、物资分配等方面的文献，进一步掌握国内外学者在应急物资保障领域的最新研究成果和发展趋势。学习掌握无量纲方法、聚类分析、启发式算法等相关技术的理论基础，归纳分析各项技术的难点和不足。

（2）收集以往应急物资保障案例形成案例库，统计受灾群众的人数、伤亡人数、当地物资供应机构数量等信息，评估不同影响因素对物资需求的影响程度。在此基础上，选择最合适优化算法预测物资需求量。

（3）根据应急物资保障的实际需求，结合国内外学者的研究成果，分析需求预测问题、选址问题、车辆调度问题及物资分配问题的特点和影响因素，按照问题描述、条件假设、参变量定义和建立数学模型的顺序完成模型构建。

（4）在模型构建的基础上，首先使用无量纲方法对优化目标中的权重值进行处理，接着预测物资需求量，然后确定选址问题的分辨率，规划车辆配送路线，选取最合适的算法，完成应急仓库选址、车辆调度及物资分配；形成选址方案、车辆调度方案和物资分配方案。

（5）选择合适的应急物资保障案例，运用本课题提出的模型和算法进行求解，验证模型和算法的准确性和有效性，并评估实验结果。

2.7 本章小结

本章首先对系统工程理论、有限理性理论、全寿命周期理论、建模与优化理论等应急物资保障决策相关理论进行研究，为后续决策问题研究提供了理论依据。其次，通过对应急物资保障决策问题进行分析，明确了需求预测、仓库选址、车辆调度、物资分配等重点环节及其决策难点。再次，分别对应急物资需求预测应急仓库选址应急物资配送车辆调度及应急物资分配研究现状进行了分析获得了需求预测、仓库选址、车辆调度、物资分配的模型构建思路及算法优化方向，形成了初步的决策问题解决构想。最后，明确了本研究的主要意义和作用，拟定了具体研究内容研究思路和技术路线，从而为后续研究奠定了基础。

第 3 章

应急物资需求预测模型的构建与优化

3.1 应急物资需求预测方法选择

长期以来，关于应急物资需求预测的理论研究与实际运用脱节严重，原因有二：一是理论研究追求模型精度最优，忽略了实践中的可操作性，比如神经网络算法虽然有较高的预测精度，但所需数据量大、建模计算复杂、花费时间成本高，在实际预测中使用难度较大；二是工作人员运用模型算法进行保障决策的意识薄弱，通常情况下，需求预测工作始终停留在凭借以往经验进行粗略估计的低层次。这使得物资"需求迷雾"难以散去，物资保障效益提升缓慢，亟待研究构建兼具高的预测精度和较强可操作性的预测模型进行解决。

分析现有文献可得出以下三点结论：

一是定量预测方法精度高于定性预测法。定性预测法多依赖于预测者的经验和知识水平，受主观因素影响较大；而定量预测法依据更为全面的统计数据，采取更为复杂的数学模型，追求拟合效果更好的预测函数，必然会得到更为精确的预测结果。

二是组合预测模型预测精度高于单一预测模型。组合预测模型有两种构建方式，一种是针对单一预测模型的缺陷，用特定方法进行改进，如文献[25]中的布谷鸟指数平滑算法；另一种是同时用多个模型进行预测，然后采取某种方法对多个预测结果综合分析，以降低单一模型的误差，如文献[22]。

三是回归分析法建模简单、预测精度高。回归分析法是寻求影响需求的控制变量与需求数据之间因果关系的计算方法，符合需求计算的内在逻辑，而时间序列、案例推理等其他方法主要是依据时间、历史数据等间接因素来类推当前需求，存在一定缺陷。应急物资需求是由一系列不断变化的控制变量决定的，只要能准确、实时地搜集这些变量，回归分析法便是兼顾可操作性和预测精度的最优方法。

综上所述，本章将分别采用多元线性回归法和主成分回归分析法（针对多元线性回归可能出现的多重共线性进行优化的组合预测法）对应急物资需求进行预测，通过对比分析来选择最优方法。

3.2 应急物资需求预测模型的构建

3.2.1 问题描述与假设

3.2.1.1 关于需求预测的时机

紧急事件一般包含三个典型阶段：事前、事中和事后。事前阶段难以预判紧急情况的准确发生时间和规模；事中阶段是紧急情况的急性爆发期，物资需求量大，保障能力相对薄弱，需要在灾区提出需求之前，甚至消耗实际发生之前就启动应急物资保障反应进程，做到提前预测、精确计划、快速保障；事后阶段物资需求较为平稳且保障能力增强。因此，事中阶段是需求预测的主要阶段，本章主要对该阶段物资需求进行预测。

3.2.1.2 关于任务区态势数据的搜集

任务区态势数据是进行数据分析和建模计算的首要条件，一般包括两种类型：离线数据和实时数据，此处的离线数据主要指平时由应急管理部门对所在区域统计调查的与应急物资保障相关的数据，如位置坐标信息、环境气候数据、资源数量、企业类型和数量等，这类数据一般变化较小，且容易获得；而实时数据则指紧急情况下依托各类即时感知手段搜集的实时变化的数据，如各类人员数量、装备数量、受灾状况等。这两类数据综合影响应急物资的需求，不同的物资需求受不同数据集（控制变量）的影响，需要逐一甄别。

3.2.1.3 关于控制变量的甄别

对于控制变量类别，为了获取理论和实践上的最佳参数，本章将通过文献调查和专家分析两种方式综合分析得出；对于控制变量取值，本章以单个日历天作为单位时间，统计控制变量在单位时间内的平均值。

将影响 s 类物资需求的控制变量表示为：$X_s = (X_{s1}, X_{s2}, \cdots, X_{sp})$，$p$ 为控制变量数量；t_i 单位时间内影响 s 类物资需求的控制变量集可表示为：$\{X_{s1t_i}, X_{s2t_i}, \cdots, X_{spt_i}\}$，$1 \leq i \leq n$，$n$ 为单位时间个数；单位时间内物资平均需求表示为：D_{st_i}。

3.2.2 模型建立

主成分回归分析法建模流程包含三个步骤,如图 3.1 所示。

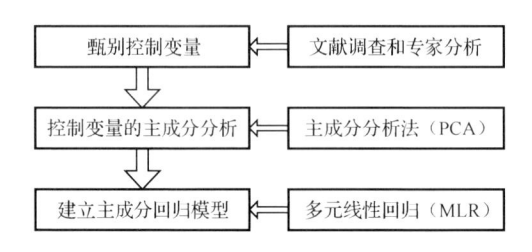

图 3.1 主成分回归分析法建模流程

Fig3.1 Modeling flow of principal component regression analysis

步骤 1:通过文献调查和专家分析相结合的方式,从任务区态势数据中甄别出影响 s 类物资需求的控制变量 $X_s = (X_{s1}, X_{s2}, \cdots, X_{sp})$。

步骤 2:对上述控制变量进行主成分分析,消除多重共线性的影响,得到能够反映原始控制变量绝大多数信息且维数降低的主成分综合变量,将主成分综合变量记为 $PC = (PC_1, PC_2, \cdots, PC_p)$。则主成分表达式为

$$PC_k = C_{k1}X_{s1} + C_{k2}X_{s2} + \cdots + C_{kp}X_{sp} = \sum_{j=1}^{p} C_{kj}X_{sj} \quad (k = 1, 2, \cdots, p)$$

(3.1)

其中,系数 C_{kj} 是控制变量集 X_s 的相关矩阵特征向量的分量。PC 集保持属性:①元素彼此不相关;②从 PC_1 到 PC_p 的每个元素在原始控制变量集 X_s 的方差方面都是按降序排列的。属性②表示第一个主成分 PC_1 的方差最大,最后一个主成分 PC_p 的方

差最小，选取结果中特征值大于 1 的主成分进行后续回归分析。主成分分析有助于消除多重共线性和减少数据集的维数，进而简化后续计算，提高预测的准确率。

步骤 3：对主成分综合变量进行多元线性回归分析，预测模型可表示为

$$D_s = \beta'_1 PC_1 + \beta'_2 PC_2 + \cdots + \beta'_p PC_p + \varepsilon' \quad (i=1,2,\cdots,n) \quad (3.2)$$

或者用向量形式可表示为

$$D_s = PC\beta' + \varepsilon' \quad (3.3)$$

其中，$D_s = (D_{st_1}, D_{st_2}, \cdots, D_{st_n})$，$PC = (PC_1, PC_2, \cdots, PC_p)$。$\beta' = (\beta'_1, \cdots, \beta'_p)^T$ 和 $\varepsilon' = (\varepsilon'_{t_1}, \cdots, \varepsilon'_{t_n})$ 分别是回归系数和误差的向量，同样地，求解回归系数得到 $\hat{\beta}'_1, \hat{\beta}'_2, \cdots, \hat{\beta}'_p$，作为 $\beta'_1, \beta'_2, \cdots, \beta'_p$ 的估计量，则用于需求预测的主成分回归模型可表示为

$$\hat{D}_{st_i} = \hat{\beta}'_1 PC_1 + \hat{\beta}'_2 PC_2 + \ldots + \hat{\beta}'_p PC_p + \varepsilon'_i \quad (3.4)$$

该模型中，主成分 PC 是不相关的，并且维数降低，因此，理论上有较高的精度。

3.2.3 引入模型评价参数

选用 F. Deqiang 等在其研究中所采用的两个模型评价参数[30]。参数定义如下：

$$\text{百分比偏差 PB} = \frac{1}{\sum\limits_{i=1}^{n} D_{st_i}} \sum_{i=1}^{n} \left(D_{st_i} - \hat{D}_{st_i} \right) \times 100\% \quad (3.5)$$

其中，D_{st_i} 和 $\hat{D}_{st_i}$ 分别表示观测需求和预测需求。PB 的理想值为 0，这表明预测需求和观测需求之间的完美一致。负值和正值分别代表高估和低估。

纳什—苏克利夫效率 $\text{NSE}=1-\left[\dfrac{\sum_{i=1}^{n}\left(D_{st_i}-\hat{D}_{st_i}\right)^2}{\sum_{i=1}^{n}\left(D_{st_i}-\overline{D_s}\right)^2}\right]$ （3.6）

式中，$\overline{D_s}$ 表示实际需求的平均值。NSE 的理想值为 1，表示预测与观测需求完全匹配，介于 0 和 1 之间的值表示可以接受。

3.3 案例分析

2013 年第一季度，青海省西宁市等地发生严重旱灾，造成西宁、海东、海北、海南藏族自治州等 8 市（地区、自治州）26 个县（区、市）30 万人受灾，其中，3 万人需生活救助、6200 余人饮水困难、约 5.8 万头牲畜饮水困难，同时农作物受损严重，直接经济损失巨大。为有效解决人员饮水问题，前线救灾指挥部必须提前对每日用水量进行预测，并根据用水量制定相应的取水、运水、储水和供水计划。下面分别运用 MLR 模型和 PCR 模型对用水需求量（s）进行分析预测。

3.3.1 数据搜集

选取受灾最严重的海北地区统计连续 24 天的日均用水需求量，如表 3.1 所示。

表 3.1　连续 24 天的日均用水需求量

Table 3.1　Volume of water demand for 24 consecutive days

天数	1	2	3	4	5	6	7	8	9	10	11	12
s/m^3	157	168	159	156	164	160	113	164	130	159	145	154

续表

天数	13	14	15	16	17	18	19	20	21	22	23	24
s/m³	156	129	144	151	166	165	138	130	154	149	146	137

通过分析胡峰[157]和杨梅[158]等的研究可知，灾后用水包括受灾人员生活用水、医疗救治、维修作业、车辆装备和工程作业用水 5 种类型，用水量受到以受灾人数为主的多个控制变量的影响，为了选取主要变量，我们征询了应急保障领域专家的意见，并最终将影响用水需求量（s）的控制变量总结为以下 8 条，如表 3.2 所示。

8 项控制变量在选取的 24 天里的平均值如表 3.3 所示。

表 3.2 灾后用水需求控制变量

Table 3.2　Field water demand control variables

序　号	控　制　变　量	序　号	控　制　变　量
X_{s1}	受灾人员数量/人	X_{s5}	用水装备数量/台、辆
X_{s2}	保障人员数量/人	X_{s6}	日最高气温/℃
X_{s3}	伤病员占比/%	X_{s7}	风力等级/级
X_{s4}	运水装备数量/台、辆	X_{s8}	降雨量/mm

表 3.3　24 天的控制变量平均值

Table 3.3　Mean values of control variables over 24 days

天　数	X_{s1}	X_{s2}	X_{s3}	X_{s4}	X_{s5}	X_{s6}	X_{s7}	X_{s8}
1	1112	410	0.78	49	61	31	4	0
2	1109	412	0.85	56	67	30	4	0
3	1096	412	1.69	55	60	30	5	0
4	1088	412	2.22	50	65	31	5	0
5	1087	409	2.48	46	58	32	5	0

续表

天　数	X_{s1}	X_{s2}	X_{s3}	X_{s4}	X_{s5}	X_{s6}	X_{s7}	X_{s8}
6	1076	406	3.26	57	70	28	6	0
7	1076	406	3.26	48	58	28	3	3
8	1076	406	3.26	52	66	27	5	0
9	1077	406	3.32	40	45	25	8	0
10	1069	408	3.72	57	69	24	8	0
11	1069	408	3.72	42	52	26	7	0
12	1068	408	3.78	59	75	25	8	0
13	1070	410	3.52	56	76	28	5	0
14	1065	410	3.85	49	69	24	4	2
15	1076	413	3.31	50	62	24	6	0
16	1073	411	3.64	51	63	27	5	0
17	1068	412	3.90	52	65	30	5	0
18	1070	410	3.90	55	69	28	5	0
19	1069	409	4.03	54	66	25	4	2
20	1065	412	4.09	49	61	24	4	2
21	1066	411	4.09	48	65	25	6	0
22	1068	409	4.09	49	63	26	6	0
23	1067	407	4.29	51	63	27	6	0
24	1070	408	4.21	56	62	25	7	0

实验选取前 16 天的数据作为训练集，后 8 天的数据作为检验集。

3.3.2　基于 MLR 模型的需求预测

首先使用多元线性回归法进行建模，将正态标准化的控制变量和用水需求量数据作为自变量和因变量，进行线性回归分析，结果如表 3.4 和表 3.5 所示。

表 3.4 模型摘要
Table 3.4 Model summary

R	R^2	调整后R^2	标准估算的误差	R^2变化量	F变化量	自由度1	自由度2	显著性F变化量
0.970	0.940	0.872	0.358	0.940	13.783	8	7	0.001

表 3.5 回归系数分析表
Table 3.5 Regression coefficient analysis table

模型	未标准化系数 B	标准误差	标准化系数 Beta	t	显著性	共线性统计 容差	VIF
常量	−6.225E−15	0.089		0.000	1.000		
X_{s1}	−1.3250	1.6730	−1.3250	−0.7920	0.4540	0.0030	328.2840
X_{s2}	−0.267	0.1360	−0.2670	−1.9680	0.0900	0.4630	2.1590
X_{s3}	−1.490	1.6170	−1.4900	−0.9210	0.3880	0.0030	306.7590
X_{s4}	−0.456	0.3970	0.4560	1.1470	0.2890	0.0540	18.4910
X_{s5}	−0.439	0.4710	−0.4390	−0.9300	0.3830	0.0380	26.0560
X_{s6}	0.096	0.1930	0.0960	0.4950	0.6360	0.2280	4.3900
X_{s7}	−0.0910	0.2480	−0.0910	−0.3660	0.7250	0.1380	7.2290
X_{s8}	−0.9460	0.2050	−0.9460	−4.6200	0.0020	0.2030	4.9190

从表 3.5 可以看出，整体回归效果较好，MLR 模型回归效果如图 3.2 所示，线性关系较为显著。得到回归模型如下：

$$\hat{D}_r = -1.3250X_{s1} - 0.267X_{s2} - 1.490X_{s3} - 0.456X_{s4} - 0.439X_{s5} - 0.096X_{s6} - 0.0910X_{s7} - 0.9460X_{s8} + 2520.4815 \quad (3.7)$$

利用式（3.7）对 17～24 天用水需求量进行预测，预测效果如图 3.3 所示，详细预测结果见 3.3.4 节表 3.11。

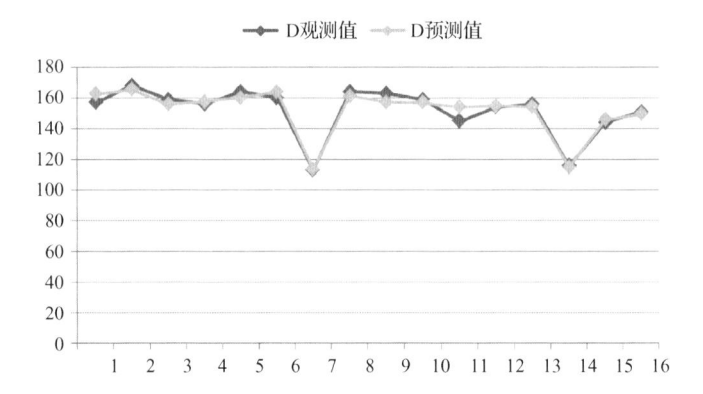

图 3.2　MLR 模型回归效果

Fig3.2　Regression effect of MLR model

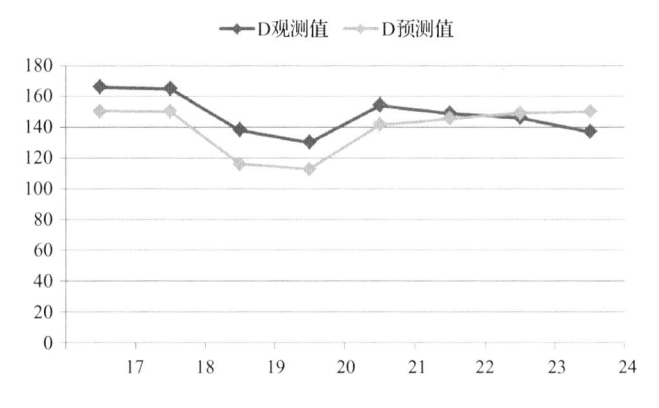

图 3.3　MLR 模型预测效果

Fig3.3　Prediction effect of MLR mode

3.3.3　基于 PCR 模型的需求预测

3.3.3.1　主成分分析

首先，通过计算控制变量相关系数矩阵，判定数据间的相关性，相关系数矩阵如表 3.6 所示，可以看出指标间有一定相关性，需要进行主成分分析。其次，提取主成分，本章基于特征值大于 1 选取主成分，主成分总方差解释如表 3.7 所示，碎石图如图 3.4 所示。

表 3.6 相关系数矩阵

Table 3.6　Correlation coefficient matrix

	ISP_1	ISP_2	ISP_3	ISP_4	ISP_5	ISP_6	ISP_7	ISP_8
X_{s1}	1							
X_{s2}	0.411	1						
X_{s3}	−0.994*	−0.441	1					
X_{s4}	−0.097	0.043	0.075	1				
X_{s5}	−0.168	0.179	0.117	0.914	1			
X_{s6}	0.757	0.248	−0.771*	−0.095	−0.064	1		
X_{s7}	−0.450	−0.292	0.472	0.043	−0.096	−0.556*	1	
X_{s8}	−0.236	−0.250	0.218	−0.140	−0.052	−0.155	−0.517*	1

注：*表示显著相关。

表 3.7 总方差解释表

Table 3.7　Explanation table of total variance

成分	初始特征值			提取载荷平方和		
	总计	方差百分比	累计百分比	总计	方差百分比	累计百分比
1	3.295	41.182	41.182	3.295	41.182	41.182
2	1.973	24.666	65.849	1.973	24.666	65.849
3	1.486	18.571	84.420	1.486	18.571	84.420
4	0.769	9.608	94.028			
5	0.324	4.053	98.531			

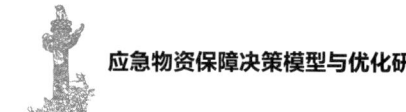

续表

成分	初始特征值			提取载荷平方和		
	总计	方差百分比	累计百分比	总计	方差百分比	累计百分比
6	0.104	1.301	99.832			
7	0.048	0.600	100.432			
8	0.002	0.019	100.451			

注：提取方法为主成分分析法。

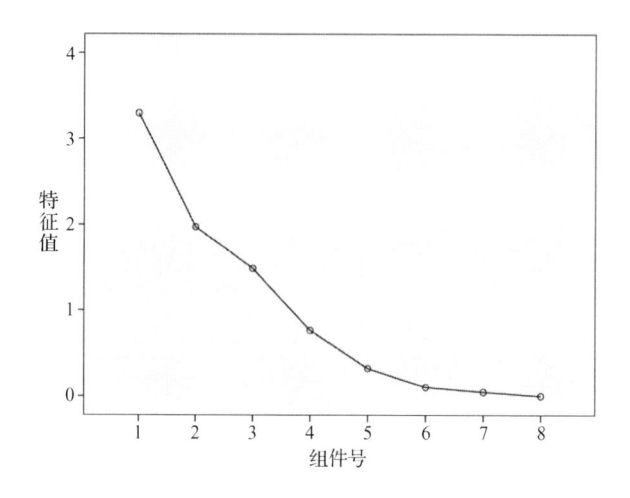

图 3.4 碎石图

Fig3.4 Lithotripsy

从表 3.7 中可以看出，特征值大于 1 的主成分共有 3 个，此时累计方差达到 84.420%，可以反映原始数据绝大部分信息；从图 3.4 中可以看出前 3 个主成分图形较为陡峭，从第 4 个开始逐步变缓，因此，我们选取前 3 个主成分进行后续分析，成分矩阵如表 3.8 所示。

表 3.8　成分矩阵

Table 3.8　Composition matrix

参　　数	成　　分		
	1	2	3
X_{s1}	0.949	-0.002	-0.138
X_{s2}	0.530	0.313	-0.146
X_{s3}	-0.957	-0.036	0.111
X_{s4}	-0.152	0.944	0.074
X_{s5}	-0.132	0.956	0.201
X_{s6}	0.863	0.012	0.040
X_{s7}	-0.623	-0.034	-0.735
X_{s8}	-0.152	-0.259	0.919

提取方法：主成分，已提取了 3 个主成分。

成分矩阵即为初始因子载荷矩阵，由表 3.7 和表 3.8 中的数据，可得主成分表达式系数，主成分表达式如下（其中，表达式系数为标准化数据，Z_i 代表原始控制变量 X_{si} 的正态标准化的值，$i=1,\cdots,8$）：

$PC_1=0.5228Z_1+0.3773Z_2-0.7851Z_3-0.1733Z_4-0.2319Z_5+2.6760Z_6-2.8436Z_7-3.3988Z_8$

$PC_2=-0.0011Z_1+0.2228Z_2-0.0295Z_3+1.0765Z_4+1.6795Z_5+0.0372Z_6-0.1552Z_7-5.7914Z_8$

$PC_3=-0.0760Z_1-0.1039Z_2+0.0911Z_3+0.0844Z_4+0.3531Z_5+0.1240Z_6-3.3548Z_7+20.5495Z_8$

3.3.3.2　建立 PCR 模型

将提取的 3 个主成分作为新的自变量，将标准化后的前 16

天的用水需求量数据作为因变量，进行线性回归分析，结果如表 3.9 和表 3.10 所示。

表 3.9 模型摘要

Table 3.9 Model summary

R	R^2	调整后 R^2	标准估算的误差	R^2 变化量	F 变化量	自由度 1	自由度 2	显著性 F 变化量
0.882	0.778	0.723	0.5263	0.778	14.047	3.0000	12.0000	0.0000

表 3.10 线性回归系数分析表

Table 3.10 Regression coefficient analysis table

模型	未标准化系数 B	标准误差	标准化系数 Beta	t	显著性	共线性统计 容差	VIF
常量	1.443E−17	0.132		0.000	1.000		
PC_1	0.165	0.075	0.299	2.200	0.048	1.000	1.000
PC_2	0.166	0.097	0.233	1.715	0.112	1.000	1.000
PC_3	−0.654	0.111	−0.797	−5.862	0.000	1.000	1.000

由表 3.9 可知，R^2 值为 0.778，说明模型拟合程度较好，PCR 模型回归效果如图 3.5 所示；从表 3.10 中可以看出，标准化需求数据对 3 个主成分的回归通过显著性检验，也无多重共线性，回归系数合理，其中常量的系数趋近于 0，忽略不计，可得回归方程如下：

$$\hat{D}_r = 0.165PC_1 + 0.166PC_2 - 0.654PC_3 \quad (3.8)$$

将 PC_1、PC_2、PC_3 的表达式代入式（3.8）可得

$$\hat{D}_r = 0.1601Z_1 + 0.1853Z_2 - 0.0884Z_3 + 0.3948Z_4 + 0.3888Z_5 + 0.0569Z_6 + 0.0180Z_7 - 0.2141Z_8 \quad (3.9)$$

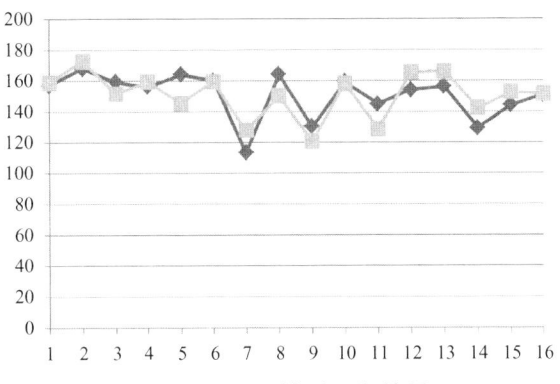

第 3 章　应急物资需求预测模型的构建与优化

图 3.5　PCR 模型回归效果

Fig3.5 Regression effect of PCR model

其中，$Z_i = \dfrac{X_{si} - \overline{X_{si}}}{S_{X_{si}}}$，将其代入式（3.9），可得最终回归方程为

$$\hat{D}_r = 0.1787X_{s1} + 1.2174X_{s2} - 1.3885X_{s3} + 1.1328X_{s4} + 0.7721X_{s5} + 0.3352X_{s6} + 0.1850X_{s7} - 3.9120X_{s8} - 651.7767 \quad (3.10)$$

利用式（3.10）对 17~24 天的用水需求量进行预测，预测效果如图 3.6 所示，详细预测结果见 3.3.4 节表 3.11。

图 3.6　PCR 模型预测效果

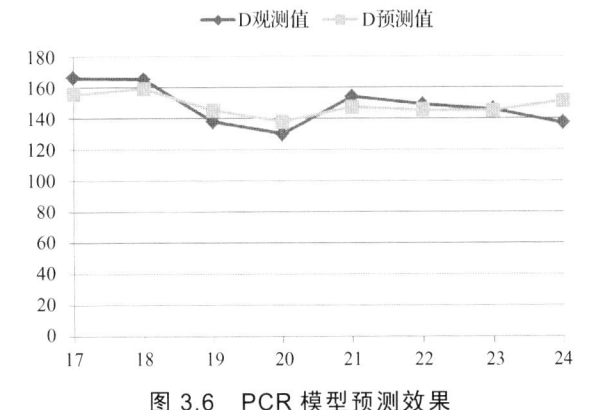

Fig3.6　Prediction effect of PCR model

3.3.4 预测结果对比

基于单一多元线性回归模型（MLR）和改进后的主成分回归模型（PCR）的需求预测结果对比如表 3.11 所示。

表 3.11 17～24 单位时间的需求预测结果对比

Table 3.11 Comparison of demand forecast results of 17-24 unit time

天数	观测值（100kg）	MLR 预测值（100kg）	PCR 预测值（100kg）	MLR 相对误差/%	PCR 相对误差/%
17	166	150.2380	155.2757	9.50	6.46
18	165	150.0947	159.0151	9.03	3.63
19	138	116.2561	144.9745	15.8	5.05
20	130	112.7578	137.9684	13.3	6.13
21	154	141.5064	147.4148	8.11	4.28
22	149	145.6749	145.2612	2.23	2.51
23	146	149.1654	144.9710	2.17	0.70
24	137	150.1903	151.2422	9.63	10.4

将表 3.11 中的数据代入式（3.4）和式（3.5）中，结果如表 3.12 所示。

表 3.12 模型评价指标对比

Table 3.12 Comparison of model evaluation indexes

模 型	PB/%	NSE
MLR	5.84	0.9842
PCR	-0.09	0.9995

从图 3.3、图 3.6、表 3.11 和表 3.12 中可以看出，PCR 模

型的相对误差、PB 和 NSE 结果均优于 MLR 模型，预测精度更高。

3.3.5 实验结果分析及结论

从 PCR 模型标准化表达式式（3.9）可以看出，该模型较好地反映了控制变量与用水需求量之间的相互关系，与实际情况吻合；从预测结果来看，PCR 模型比 MLR 模型更加接近用水真实需求，能准确反映控制变量与用水需求量之间的因果关系，具有更高的预测精度；从应用前景来看，PCR 模型能根据任务区态势数据做出物资需求的精确预测，其建模思路体现了紧急情况下相关态势数据和物资需求紧密相关、协同变化的特点，其算法逻辑符合物资消耗的内在规律，模型整体性能优良，适用于应急物资需求预测。

3.4 本章小结

本章围绕应急物资需求预测问题，提出了一种根据任务区态势数据求解物资需求的预测思路，即先从任务区态势数据中甄别影响物资需求的控制变量，再求解控制变量与物资需求的因果关系，最后利用该因果关系进行需求预测。案例分析结果表明，构建的主成分回归模型不仅具有较高的可操作性，而且有较高的预测精度，能有效提升应急物资需求预测水平。

第 4 章

应急仓库选址模型的构建与优化

4.1 应急仓库选址模型的构建

应急仓库是在灾害条件下靠近灾区临时建立的保障仓库，承担物资配送的任务，是物资供应的动态保障基地，其目的是使救灾物资保障具备快速、动态部署的能力，实现全方位多功能保障，具有物资周转快、流通量大，需要经常转移位置而又要求不中断供应的特点。与其他所有类型的仓库设施一样，应急仓库选址优化是提高救灾物资保障效率的有效举措，只有在充分考虑仓库保障能力有限的情况下使仓库位置布局科学合理、物资品种和储存数量配置精细准确，才能为受灾安置点提供及时、可靠的保障。应急仓库的概念本身是相对于固定仓库而言的，虽然应急仓库和相对固定的应急物资集散中心功能相差不多，但是由于其任务的艰巨性、环境的特殊性，工作任务和工作方式都与后者有很大的区别。因此，不能简单照搬固定仓库的模式，需要针对其特殊性进行系统研究。本章着眼于灾害期间不确定条件下应急仓库的开设，旨在通过建立模型为选址提供依据，辅助救灾指挥机构完成选址决策。

4.1.1 应急仓库选址需求

应急仓库是遂行救灾行动要求设置的可随时展开和撤收的简易仓库，其特点是机动性强，展开、撤收速度快。物资保障供应链一头是应急物资集散中心，另一头是受灾安置点，而应急仓库则是物资由后方运送至一线的中间环节，起着承上启下的作用。由于应急仓库是临时展开进行物资补给的站点，其选址是否恰当不仅关系到保障力量自身的安全，还关系到是否能缩短保障周期或扩大服务量，从而提高保障效率。

4.1.1.1 应急仓库保障模式

在救灾行动中，一方面应急物资消耗量难以预测，消耗速度大幅增加，可能会临时出现较多需求；另一方面，受灾安置点分布都较为分散，从而形成了较多的需求点，各需求点对物资的需求量也不尽相同。因此，救灾物资保障的需求呈现出总量较大、分布零散的特点，这给精确保障、高效满足需求带来了挑战。

应急仓库的保障模式如图 4.1 所示。其靠前选择适当地域临时开设，从上级仓库如应急物资集散中心接收物资后暂存，根据需求点的需求进行物资配送。考虑到需求点多且较为分散的情况，仓库有时无法确保对所有需求点都提供服务。因此，就保障目标而言，应急仓库选址应该考虑两方面：一是服务范围内总体能满足的物资需求量，即根据仓库服务能力划定服务范围后，其所能覆盖的总体需求量；二是服务稳定性，因为仓库靠前开设，其本身也面临着次生灾害的威胁，在同一地域范围内开设多个仓库,确保部分需求能在多个仓库的服务范围内,从而提升物资保障的稳定性。

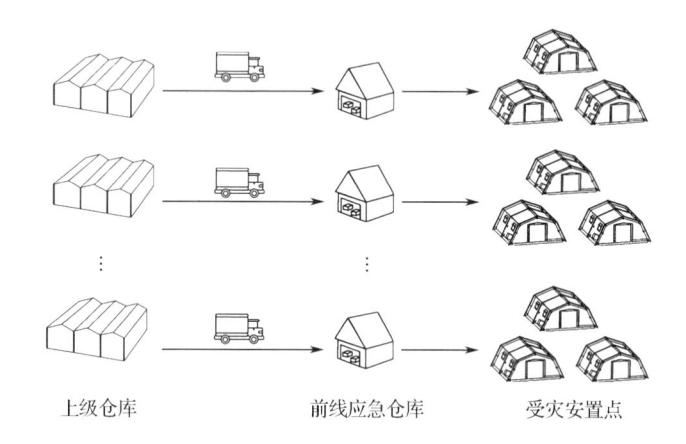

图 4.1 应急仓库的保障模式

Fig4.1 Support pattern of emergency warehouse

4.1.1.2 应急仓库选址中的需求不确定性

应急仓库的选址需要在给定地域范围内根据地形、道路交通状况、需求点需求和分布情况等因素,科学确定开设位置。在以往的救灾保障中,物资需求通过经验计算估计得出,为了计算方便,一般都假设为定值。但事实上,前期计算得出的物资需求量仅为参考值,实际消耗情况是实时变化的。在建立选址模型时,如果仅将固定的需求量作为输入参数,则求解得出的选址方案只能适应这一特定场景的需求分布情况;需求点的物资需求量出现轻微的变化都有可能对选址方案的性能带来很大影响,从而使得原本决策得出的最优解变为次优解甚至不可行解。

由此可见，在进行应急仓库选址分析时必须考虑需求的不确定性。根据绪论中对选址问题的归类，考虑不确定性因素的选址问题类型包括动态选址模型、随机选址模型、鲁棒优化选址模型。这三类模型中，鲁棒选址模型能较好地解决参数扰动带来的影响，其得出的解不一定具有绝对情况下的最优性能，但能适应更多的不确定性场景，这使其具有更好的实用性。因此，本章将物资需求量作为不确定性参数，通过情景分析设置多种不确定场景，使建立的选址模型更加贴近救灾保障的实际情况，也能为指挥部门提供更加稳定的决策方案。

4.1.2 问题描述与假设

本章以特定灾害条件下救灾物资保障为示例场景，探讨应急综合仓库的选址优化问题。在多个分散的位置分别存在物资需求的情况下，救灾指挥部门需要通过一定计算，为实施物资保障的仓库做出合适的选址决策，而后下达命令让各仓库在指定位置展开部署。在进行选址时应充分考虑以下几点要素：一是位置恰当。应选在主要救灾行动方向上。二是交通方便。应急综合仓库应靠近主要公路，便于应急物资集散中心向应急仓库的物资输送，同时也便于向各需求点进行物资前送。三是地幅适用。备选址地幅大小要与综合仓库容量、供应任务相适应，车辆应能展得开、摆得下。此外，救灾物资保障是特殊的经济活动，在生命高于一切的目标下，经济因素不应成为主要的影响因素。当前企业物流选址的理论和方法普遍追求最小化成本和利润最大化，这显然不符合救灾的人道主义需求，因此在我们的应急综合仓库选址决策中，经济成本不会成为限制的因素。

同时，由于单个仓库容量有限，开设一个综合仓库显然无法满足需求，且也不能保证其服务范围能覆盖所有需求点。因此，应结合实际需求分布情况，开设多个应急综合仓库，提供分布式的保障服务，充分发挥其分散灵活的单元化优势，提高保障的健壮性。

根据前文中对应急仓库保障模式及其目标的描述，其选址属于基于覆盖的多目标选址问题。在开设仓库数量有限的情况下，通过合理的选址规划使得仓库服务范围能尽可能多地涵盖需求点的物资需求，同时还要考虑仓库开设后面临的安全风险和物资需求出现的不确定性，这是一个典型的 NP-Hard 问题，精确求解可能性甚微，且由此带来的计算资源的占用与计算时间的消耗肯定是不可接受的。本章为应急仓库选址问题设定如下情境。

① 应急仓库的根本目标是为救灾行动提供稳定有力的物资保障，经济因素处于次要地位，因此不考虑开设仓库及实施保障的经济成本。

② 应急仓库不一定能满足所有需求点的物资需求，但因物资保障以重点需求点为牵引，因此就选址模型的目标而言可以不考虑服务的公平性。

③ 选址问题可分为连续与离散两类，其中离散型选址问题对选址区域进行栅格化，计算量更可接受。因此，本章选择建立离散型选址模型，以合适的密集程度将任务区域抽象为网格，需求点与仓库位置经过转换后都位于与精确坐标最邻近的网格点上。

④ 仓库是否能为需求点提供保障可通过配送时间或距离是否允许来判定，本章为了适应应急综合仓库指定保障范围的

限制，在保障范围内的需求点即"可被覆盖"的需求。

4.1.2.1 问题描述

本章采用情景分析的方法体现物资需求的不确定性，应急仓库的选址问题可描述为：在特定区域内存在若干受灾安置点，这些群体对某一类物资存在需求，通过开设一定数量的应急仓库来保障。但各需求点消耗物资的具体种类、程度是未知的，物资的需求量存在不确定性。

可通过设置不同情境的集合来体现需求的不确定性，而针对由此产生的多种情景，选址模型应具有足够的健壮性，使得选址方案在所有情境下，都能在应急仓库的保障目标上有尽可能好的性能。

4.1.2.2 模型假设

针对以上问题，做出如下假设。

① 需求点和要开设的应急仓库数量都是确定的，其中需求点的位置已知且保障过程中不可更改；

② 因物资保障应该尽量提高抗风险能力且考虑到仓库本身的安全需要，应急仓库不适于开设在与需求点相同的位置；

③ 根据服务能力为应急仓库划定服务范围，超出范围的需求点将不能获得服务；

④ 应急仓库的存储能力都能满足保障需求，且不考虑后续物资配送规划的问题；

⑤ 物资品种有多种，但按需求分析的程序可将多种物资需求进行归一化处理，因此需求点上报的物资需求实际是经过处理后的抽象值，不代表某一类物资的多少；

⑥ 本章中应急仓库的服务范围也是抽象值，是仓库实际保障范围经过处理后的值，代表离散区域内的网格点跨度。

4.1.3 确定性模型的构建

本章采用鲁棒优化模型处理需求的不确定性，首先需要构建应急仓库选址的确定性模型，即假设各需求点的物资需求量都是确定的，此时模型对应的便是一个特定的需求分布情形。而鲁棒优化模型会涉及很多与不确定性因素有关的场景，确定性模型可用于计算各场景下的目标值。

4.1.3.1 符号与变量定义

模型所用的符号和变量定义如下。

n：需要建立的应急仓库的数量；

I：候选点集合；

J：需求点的集合；

w_j：j 点对物资的需求量；

$x_i = \begin{cases} 1, & \text{如果在候选点} i \in I \text{开设应急仓库；} \\ 0, & \text{否则；} \end{cases}$

$y_j = \begin{cases} 1, & \text{如果需求点} j \in J \text{能被一个开设的应急仓库覆盖；} \\ 0, & \text{否则；} \end{cases}$

$z_j = \begin{cases} 1, & \text{如果需求点} j \in J \text{能被至少两个开设的应急仓库覆盖；} \\ 0, & \text{否则；} \end{cases}$

$v_{j,i} = \begin{cases} 1, & \text{如果需求点} j \in J \text{能被网格点} i \in I \text{覆盖；} \\ 0, & \text{否则。} \end{cases}$

4.1.3.2 模型构建

目标函数：

$$\max f_1 = \sum_{j \in J} y_j w_j \qquad (4.1)$$

$$\max f_2 = \sum_{j \in J} z_j w_j \qquad (4.2)$$

约束条件：

$$\sum_{i \in I} x_i = n \qquad (4.3)$$

$$y_j - z_j \geq 0, \quad i \in I \qquad (4.4)$$

$$v_{j,i} \leq x_i, \quad j \in J, i \in I \qquad (4.5)$$

$$x_i, y_j, z_j, v_{j,j} \in \{0,1\} \qquad (4.6)$$

目标函数（4.1）和目标函数（4.2）分别为最大化覆盖的总需求量与最大化备份覆盖的物资需求量；约束条件（4.3）表示开设的应急仓库数量为定值；约束条件（4.4）表示能被至少两个设施覆盖的需求点肯定也能被一个仓库覆盖；约束条件（4.5）规定了需求点只能被开设的应急仓库覆盖；约束条件（4.6）为决策变量的 0-1 约束。

4.1.4 鲁棒优化模型的构建

4.1.4.1 鲁棒优化模型概念

1995 年，Mulvey 等[159]提出了鲁棒优化的概念，并被有效地应用在了具有不确定性因素的优化设计、供应链管理研究中。鲁棒优化通过将关键输入数据的值表示为多种场景组成的集合来处理问题中的不确定性，通过这个方法可以求得一系列的解，且所求解对模型在不同场景数据下的实现敏感度较低。例如，对于具有 10 个需求点的选址问题，需求点设为 $d_i \in D, 1 \leq i \leq 10$，且每个需求点的物资需求量均为 10；现假设需要设置 10 个场景，则每一场景可通过对各需求点的物资需求量在±50%范围内随机波动产生,从确定性需求点集合生成的场景示例如表 4.1 所示。

表 4.1 从确定性需求点集合生成的场景示例

Table 4.1 An example of generated scenario based on deterministic demand posts

概率	d_1	d_2	d_3	d_4	d_5	d_6	d_7	d_8	d_9	d_{10}
0.05	8.54	13.97	10.55	10.58	13.69	9.18	13.61	9.71	9.44	5.66
0.05	14.43	6.66	14.80	13.63	6.81	7.75	5.41	9.27	14.06	6.27
0.10	14.58	7.71	5.14	12.34	6.79	10.89	9.38	6.41	12.04	7.71
0.15	14.43	7.28	11.13	13.41	14.03	11.24	6.94	9.64	12.21	5.11
0.10	14.51	6.73	8.59	12.03	13.10	14.64	14.70	5.77	6.69	9.93
0.15	5.06	6.09	5.59	11.91	7.78	5.12	10.61	11.98	8.59	12.11
0.10	13.17	7.23	9.11	12.11	8.93	10.64	14.90	11.95	10.30	7.67
0.15	11.13	5.87	13.03	11.38	14.42	11.49	5.14	5.80	7.15	6.54
0.05	12.39	10.73	6.61	5.54	12.82	8.92	5.37	6.14	14.58	10.96
0.10	10.35	14.30	5.36	11.55	7.88	8.20	8.74	5.58	9.02	11.51

目前,将鲁棒性应用于实际问题建模的多目标问题文献比较少[160]。总体而言,对需求不确定情况下的应急仓库选址问题,应用鲁棒优化的方法可以较好地处理各需求点物资需求不确定的问题,具有较好的应用前景。

Mulvey 等[159]还为鲁棒优化定义了两个衡量指标:一是解的健壮性,指所求解在所有场景下都接近最优;二是模型健壮性,即要求模型在几乎所有场景下都可用。鲁棒优化采用决策者设置偏好参数的方法,从而在解的健壮性和模型健壮性这两个看似冲突的目标之间取得平衡。此方法涉及两类变量:控制变量和设计变量,前者是随着一组场景数据的调整而变化,而后者的值则是先于场景数据确定。模型约束也分为两类：结构性约束——不含不确定性因素的普通线性规划约束，以及包含不确定性参数的控制性约束。

4.1.4.2 模型的构建

进行鲁棒优化的大概流程为：先针对优化问题，假设所有不确定性参数皆为定值，写出确定性模型；而后利用区间分析法或情景分析法[161]对不确定因素进行描述，得出不同的场景，即各系数不同取值所组成的向量的集合，每一场景有其对应发生概率，所有场景总概率为 1；最后则是在确定性模型的基础上，写出对应的鲁棒优化模型。对于本章所研究的应急仓库选址问题，可将确定性选址模型做如下改进。

为便于优化算法求解及进行解性能的比较，首先对目标函数进行调整。设 M 为任意大的数，将确定性模型的目标由最大化转变为最小化：

$$\min f_1 = M - \sum_{j \in J} y_j w_j \tag{4.7}$$

$$\min f_2 = M - \sum_{j \in J} z_j w_j \tag{4.8}$$

鲁棒优化模型的目标函数基本由两部分组成：解的健壮性部分——衡量解与最优解的接近程度，以及模型健壮性部分——对控制性约束在一些场景下的扰动进行惩罚，此部分一般带有一个系数，称为风险厌恶权重，以此体现以上两部分的权衡。同时，两部分一般用其所有场景总期望值来表示。

在模型中增加如下参数：

S：需求的场景集合；

p_s：场景 $s \in S$ 发生的概率；

λ_1，λ_2：风险厌恶权重；

f_1^s，f_2^s：场景 $s \in S$ 时两个目标函数的值;

根据 Mulvey 等[159]的建议，将目标函数表示为

$$\min F_1 = \sum_{s \in S} p_s f_1^s + \lambda_1 \sum_{s \in S} p_s (f_1^s - \sum_{s \in S} p_s f_1^s)^2 \qquad (4.9)$$

$$\min F_2 = \sum_{s \in S} p_s f_2^s + \lambda_2 \sum_{s \in S} p_s (f_2^s - \sum_{s \in S} p_s f_2^s)^2 \qquad (4.10)$$

为确保所有场景出现的概率之和为 1，同时还应增加以下约束：

$$\sum_{s \in S} p_s = 1 \qquad (4.11)$$

因目标函数（4.9）和目标函数（4.10）含有平方项，相比线性规划，其计算消耗较大。Yu 等[162]对此提出了改进的建议，将目标函数（4.9）和目标函数（4.10）进行如下转化：

$$\min F_1 = \sum_{s \in S} p_s f_1^s + \lambda_1 \sum_{s \in S} p_s \mid f_1^s - \sum_{s \in S} p_s f_1^s \mid \qquad (4.12)$$

$$\min F_2 = \sum_{s \in S} p_s f_2^s + \lambda_2 \sum_{s \in S} p_s \mid f_2^s - \sum_{s \in S} p_s f_2^s \mid \qquad (4.13)$$

虽然目标函数（4.12）与目标函数（4.13）仍然是非线性的，但可针对各场景引入非负偏差变量 θ_1^s、θ_2^s，其中 $s \in S$，于是式（4.12）和式（4.13）继续改进为

$$\min F_1 = \sum_{s \in S} p_s f_1^s + \lambda_1 \sum_{s \in S} p_s [(f_1^s - \sum_{s \in S} p_s f_1^s) + 2\theta_1^s] \qquad (4.14)$$

$$\min F_2 = \sum_{s \in S} p_s f_2^s + \lambda_2 \sum_{s \in S} p_s [(f_2^s - \sum_{s \in S} p_s f_2^s) + 2\theta_2^s] \qquad (4.15)$$

并增加以下约束：

$$\theta_1^s, \theta_2^s \geq 0, \quad s \in S \qquad (4.16)$$

$$(f_1^s - \sum_{s \in S} p_s f_1^s) + \theta_1^s, (f_2^s - \sum_{s \in S} p_s f_2^s) + \theta_2^s \geq 0, \quad s \in S \qquad (4.17)$$

其中约束（4.16）表示偏移变量为非负值；约束（4.17）规定了偏移变量的取值须满足的条件。

最终所得模型为

目标函数：式（4.14）式（4.15）；

约束条件：式（4.3）~式（4.6），式（4.11），式（4.16），式（4.17）。

4.2 应急仓库选址的优化研究

4.2.1 选址问题常用算法分类

设施选址模型的优化求解方法大致分为精确求解算法及启发式算法两大类。早期的设施选址问题常用精确算法来求解，此类算法的代表是分支界限法、动态规划算法和枚举算法等，其特点是能求得准确的最优解，适合解决相对简单的优化问题。但随着选址问题规模的增大，使用精确算法求解选址模型对计算资源（CPU使用时间、存储空间等）的消耗逐渐令人无法接受，这促进了以启发式算法为代表的非精确算法的应用。

4.2.1.1 精确求解算法

（1）分支界限法

分支界限法常以广度优先或以最小耗费（最大效益）优先的方式搜索问题的解空间树。在分支限界法中，每一个活节点只有一次机会成为扩展节点。活节点一旦成为扩展节点，就一次性产生其所有儿子节点。在这些儿子节点中，导致不可行解或导致非最优解的儿子节点被舍弃，其余子节点被加入活节点表中。此后，从活节点表中取下一节点成为当前扩展节点，并重复上述节点扩展过程。这个过程一直持续到找到所需的解或节点表为空时止。

（2）动态规划算法

动态规划算法通过拆分问题，定义问题状态和状态之间的关系，使得问题能够以递推（或者说分治）的方式解决。动态规划算法的基本思想与分治法类似，也是将待求解的问题分解为若干个子问题(阶段)，按顺序求解子阶段，前一子问题的解，为后一子问题的求解提供了有用的信息。在求解任一子问题时，列出各种可能的局部解，通过决策保留那些有可能达到最优的局部解，丢弃其他局部解。依次解决各子问题，最后一个子问题就是初始问题的解。

（3）枚举算法

枚举算法是日常使用最多的一个算法，它的核心思想就是枚举所有的可能。枚举算法的本质就是从所有候选解中去搜索正确的解，使用该算法需要满足两个条件：①可预先确定候选解的数量；②候选解的范围在求解之前必须有一个确定的集合。

4.2.1.2 启发式算法

启发式算法一般从一个随机生成的初始解集合开始，通过多次迭代对解集合进行一定规则的改进以达到进化的目的，从而使解集合中的解不断优化。需要注意的是，对于较为简单的问题启发式算法基本可以求得事实上的最优解；而对于较为复杂、规模确实较大的问题，启发式算法不一定能求得最优解，但其通过对解集合不断的改进，可以不断逼近最优解，从而获得可接受的次优解。

较为经典的启发式算法包括遗传算法、蚁群算法、模拟退火算法等，但这些经典算法都是针对单一目标值，其计算和比较的过程较为简单。针对多目标优化问题，诸多学者提出了相应的多目标启发式算法，其中以多目标粒子群优化（MOPSO）算法和第二代非支配排序遗传算法（NSGA-II）最为常见。同时，近年来还有学者提出了其他新颖的启发式算法，例如，Li 等[163]基于粒子群优化（PSO）和化学反应优化（CRO）提出了一种求解多目标问题的混合算法（HP-CRO）。

与一般的单目标算法不同，多目标启发式算法求得的是一个包含多个候选解的解集，且解集中的候选解都是非受控的，这使得整个解集在多目标解空间中体现为个体解互不支配，称为一个前沿面。假设有一个双目标优化问题（包含目标 $\min f_1$ 与 $\min f_2$），则其解空间可用一个二维平面表示，横轴和纵轴分别为两个目标值；其中解与解之间受控（也称受支配，两种表述在本章中交替使用）的概念为：有粒子 p_1 与 p_2，如果 $f_1(p_1)<f_1(p_2) \cap f_2(p_1)<f_2(p_2)$ 成立，则称 p_1 支配 p_2，如图 4.2（a）所示，p_1 的两个目标值均小于 p_2。在多目标优化中，问题的实际互不支配的最优解组成的解集称为帕累托前沿（Pareto Front），而启发式算法求解所得解集则一般为尽可能接近帕累托前沿的次优解集，图 4.2（b）为解集前沿示意图。

（a）支配关系示意图　　（b）解集前沿示意图

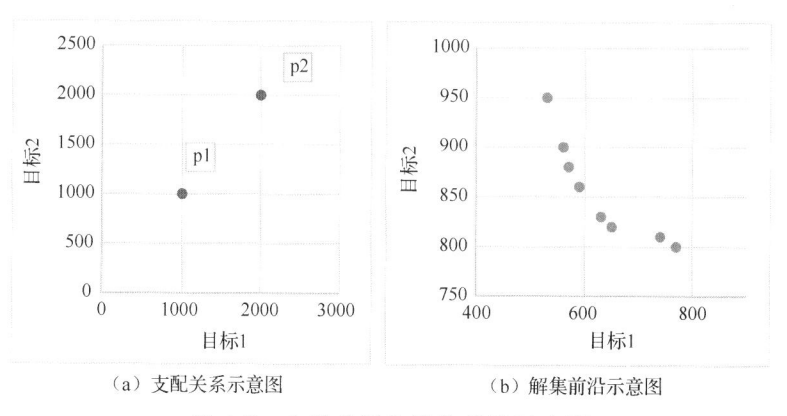

图 4.2　支配关系和解集前沿示意图

Fig4.2　(a) Schematic diagram of domination; (b) Schematic diagram of solution set front

本章在求解前面提出的应急仓库选址模型时，首先尝试采用了经典的多目标粒子群算法（MOPSO）与带精英策略的非支配排序遗传算法（NSGA-Ⅱ）两种算法；然后着重研究了新近提出的 HP-CRO 算法，并基于该算法完成了模型求解。

4.2.2　MOPSO 与 NSGA-Ⅱ算法

4.2.2.1　MOPSO 算法流程

粒子群优化（PSO）算法以粒子组成种群，对社会行为进行模拟，是一种基于群体智能的进化算法。其优点是搜索机理独特、计算方便，在计算机程序上可以较为容易地实现，因此 PSO 算法在工程优化领域得到了广泛的应用。

多目标粒子群优化（MOPSO）算法由 Carlos 等于 2004 年提出，实现了将单目标的 PSO 算法应用到多目标问题的求解上。MOPSO 算法的主要流程描述如下。

① 指定相关参数，初始化存档集合与粒子群体，在开始迭代之前将粒子群体中的非受控解加入存档集合中，进入迭代优化阶段。

② 迭代优化：如果满足结束条件转至⑥，否则转至③。

③ 计算存档集合中粒子的拥挤度。对粒子群中的每一个粒子选择全局最优进行 PSO 操作，而后更新自身历史最优副本。接着进入④。

④ 如果存档集合为空，将粒子群体中的非受控解都加入存档中。当存档不为空时，遍历粒子群中的粒子，将在存档集合中非受控的粒子加入存档，进入⑤。

⑤ 截断存档集合：如果存档集合规模超过上限则删去其中

的受控解，如果规模仍然过大则计算存档集合拥挤度，依次删去集合中拥挤度最大的粒子。

⑥ 输出存档集合中的粒子信息。

4.2.2.2 NSGA-Ⅱ算法流程

遗传算法是一种经典的启发式算法，非支配排序遗传算法（NSGA）则是将遗传算法改进用于求解多目标优化问题。第二代非支配排序遗传算法（NSGA-Ⅱ）由 K-Deb 教授于 2002 年提出[164]，其主要解决 NSGA 非支配排序效率低，随着问题规模变大求解速度变慢的问题，使用带有精英策略的快速非支配排序，不仅提升了排序速度，而且因为采用精英策略，保证搜索出的最优解能够保留。同时，NSGA-Ⅱ还使用了计算拥挤距离的方法来定义解的分布特性，这一方法被后来诸多多目标启发式算法所采用。NSGA-Ⅱ的主要流程描述如下。

① 指定交叉概率、变异概率、种群规模，初始化种群；

② 进入迭代优化，如果满足结束条件转至⑥，否则进入③；

③ 交叉：按交叉概率选择对应比例的染色体两两配对，交换其中一段基因产生两个子代染色体，进入④；

④ 当前的染色体混合种群按一定比例（变异概率）选取染色体进行变异操作，将其中一位基因取反，进入⑤；

⑤ 计算种群中染色体各个目标的适应度，选出混合种群中的非受控染色体，计算其拥挤度，按拥挤度由低到高加入新一代种群，循环此操作直到新一代种群达到指定的种群规模，返回②；

⑥ 计算最终一代染色体的适应度，输出其中的非受控染色体作为解集。

4.2.3　HP-CRO 算法

粒子群优化（PSO）算法和化学反应优化（CRO）算法在实际应用当中被证明存在一定的性能问题。PSO 算法具有较好的全局搜索能力，但局部搜索能力有欠缺，这迫使部分学者在 PSO 算法中加入了局部搜索算子来改善其寻优能力[165, 166]。而对于 CRO 算法而言，其优化过程主要由四个部分组成：单分子无效碰撞、分子间无效碰撞、分解、合成[167]，其中前两者属于局部搜索操作，后两者属于全局搜索操作，但现有研究表明，该算法的全局搜索操作效果并不理想[168]。

基于粒子群优化与化学反应优化的多目标混合算法（HP-CRO）由 Li 等于 2015 年提出。此算法的主要理论是基于 PSO 和 CRO 在全局和局部搜索性能上互补的情况，将二者结合起来，同时针对多目标优化的特点指定解集排序、选择的规则，并使用存档集合保存优秀解。在他们的研究中，HP-CRO 被用于和 FMOPSO、MOPSO、NSGA-Ⅱ以及 SPEA2 四个算法进行比较，实验结果表明 HP-CRO 求解多目标优化问题具有更好的性能[163]。

由 HP-CRO 是新提出来的启发式算法，其应用尚不广泛。就选址问题而言，目前还没有使用 HP-CRO 进行选址优化求解的文献。本章以 HP-CRO 为主要研究对象，同时使用 MOPSO 和 NSGA-Ⅱ进行对比实验，分别对应急仓库鲁棒优化选址模型进行优化求解。

4.2.3.1　总体流程

HP-CRO 作为一种混合算法，其求解过程主要由 PSO 优化部分和 CRO 优化部分组成，前者进行全局搜索而后者进行局部搜索，CRO 优化部分又可细分为单分子无效碰撞和分子间无效碰撞两部分。HP-CRO 算法流程如图 4.3 所示。

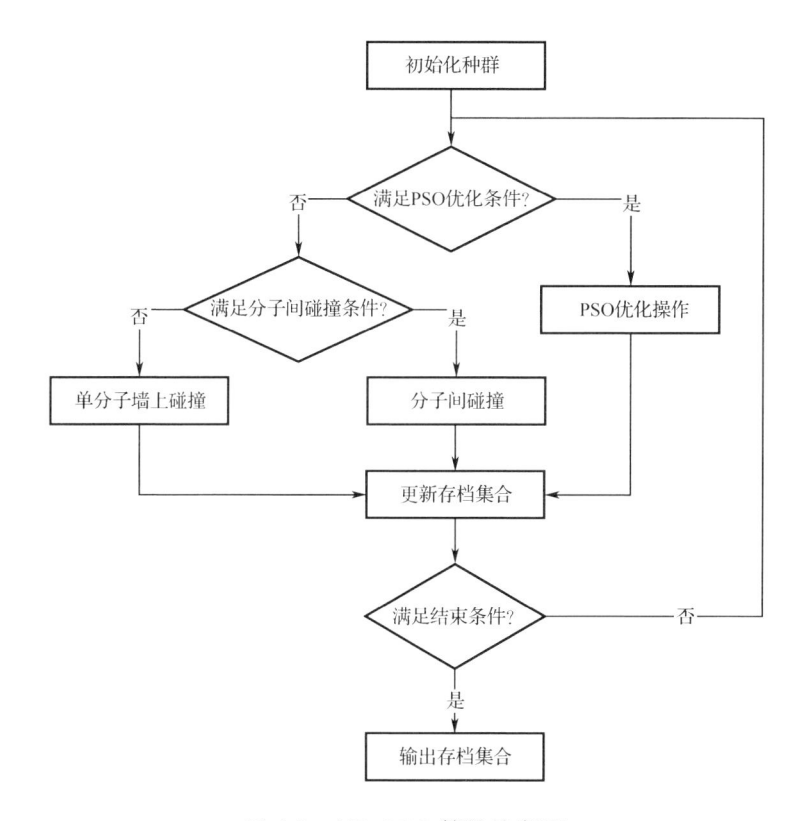

图 4.3 HP-CRO 算法流程图

Fig4.3 Flow diagram of HP-CRO algorithm

HP-CRO 的求解过程可分解如下。

① 初始化参数：种群规模、动能损失率、最大碰撞次数、初始动能值、分子间碰撞概率、惯性值、个体认知权重、社会认知权重，随机生成初始解集，解集中每一粒子设置局部最优

解为本身。

② 迭代优化：如果满足终止条件进入步骤⑤。每次迭代随机选取解集中的一个粒子，如果其碰撞次数超过最大碰撞次数的限制便进入步骤③进行 PSO 优化操作，否则进入④。

③ PSO 优化操作：从存档中选取全局最优解，对该粒子进行 PSO 优化，返回②。

④ CRO 优化操作：生成随机数，如果大于分子间碰撞概率则另外再随机选择一粒子进行分子间无效碰撞，否则进行单分子无效碰撞，返回②。

⑤ 输出存档集合。

4.2.3.2 主要步骤

下面对上述各操作的步骤进行伪代码描述。

① PSO 操作：HP-CRO 中的 PSO 操作在存档中根据选择一个非受控、拥挤度最低的粒子作为全局最优，用作当前进行优化的粒子的参考；而当前优化的粒子存储有一自身历史最优的副本。假设对于第 i 次迭代，全局最优解为 G_{best}，自身历史最优解为 P_{best}，操作的粒子为 p_i，其已经历的碰撞次数为 *NumHit*，则第 $i+1$ 次迭代的 PSO 操作按照如下公式进行：

$$v_{i+1} = w \times v_i + c_1 \times r_1 \times (P_{best} - P_i) + c_2 \times r_2 \times (G_{best} - P_i) \quad (4.18)$$

$$p_{i+1} = p_i + v_{i+1} \quad (4.19)$$

其中 v_i 和 v_{i+1} 分别为第 i 次和第 $i+1$ 次迭代中粒子的速度；在计算 v_{i+1} 的式（4.18）中，w 为惯性值，c_1 为个体认知权重，c_2 为社会认知权重，r_1 和 r_2 分别为[0,1]之间的随机数。则混合算法中 PSO 操作的伪代码为：

输入 p_i；

在种群中选择G_{best}；
$v_{i+1} = w \times v_i + c_1 \times r_1 \times (P_{\text{best}} - P_i) + c_2 \times r_2 \times (G_{\text{best}} - P_i)$；
$p_{i+1} = p_i + v_{i+1}$；
将p_{i+1}和该粒子原有P_{best}进行比较，决定是否替换P_{best}；
$NumHit = 0$

② 单分子无效碰撞。此操作对单个粒子进行局部搜索，假设对于第i次迭代有粒子P_i，又有服从高斯分布的操作算子$\varepsilon \sim N(0, \sigma^2)$，其中$\sigma$称为步长，则新一代粒子的计算式子为$P_{i+1} = P_i + \varepsilon$。单分子无效碰撞的伪代码如下：

输入p_i；
$p_i' = p_i + \varepsilon$；//进行高斯变化，使粒子产生微小变动
$sum = 0$；
$for\,(obj = 1 : obj \leqslant NumObj; obj + +)\,\{$
    $Ep_i'(obj) = f_{obj}(p_i')$；
    $if\,(Ep_i(obj) + \dfrac{Kp_i(obj)}{NumObj} \geqslant Ep_i'$
        $sum + +$；
$\}$
$NumHit + +$；
$if\,(sum == NumObj)\,\{$
    $Kp_i' = (Ep_i + Ep_i' + Kp_i) \times a$；
    $p_i = p_i'$；
$\}$

其中$NumObj$为目标数量，Ep为粒子的势能（目标函数值），Kp为粒子的动能，更新粒子动能的操作中的a为一随机数，其值为0到动能损失率值之间。

③ 分子间无效碰撞。此操作与②类似，不同之处是对两个粒子进行局部搜索操作。因此，在输入一个粒子后，还要从种群中随机选取另一个粒子才能进行后续操作。分子间无效碰撞

的伪代码如下:

```
输入 p_{1,i}, p_{2,i};
p'_{1,i} = p_{1,i} + ε, p'_{2,i} = p_{2,i} + ε; //进行高斯变化,使粒子产生微小变动
sum = 0;
for(obj = 1 : obj ≤ NumObj; obj++) {
    Ep'_{1,i}(obj) = f_{obj}(p'_{1,i}), Ep'_{2,i}(obj) = f_{obj}(p'_{2,i})
    E_{inter} = (Ep_{1,i}(obj) + Ep_{2,i}(obj) + Kp_{1,i}(obj)/NumObj + Kp_{2,i}(obj)/NumObj − Ep'_{1,i}(obj) − Ep'_{2,i}(obj));
    if (E_{inter} ≥ 0)
        sum++;
}
NumHit_1++, NumHit_2++;
if (sum == NumObj) {
    Kp'_{1,i} = (Ep_{1,i} + Ep'_{1,i} + Kp_{1,i}) × a, Kp'_{2,i} = (Ep_{2,i} + Ep'_{2,i} + Kp_{2,i}) × a;
    p_{1,i} = p'_{1,i}, p_{2,i} = p'_{2,i};
}
```

④ 更新存档集合。此操作发生在每次迭代对粒子进行操作之后。因为每次迭代后粒子群体的目标值都会有变化,更新存档集合的目的便是及时将迭代过程中产生的优秀解加入存档集中;而随着存档中存入新的解,原有的一些非受控解会变成受控解,因此还需要将这些受控解从存档中剔除;同时,如果存档集合的规模过大(超过预先规定的数目)则还需要对存档集合按拥挤度进行排序,剔除拥挤度过大(拥挤距离过小)的解,保证存档种群的多样性、分布性维持在较好的水平。

设存档规模为 $ArchiveSize$,粒子群体规模为 $PopSize$,存档集合为 $Archive$,粒子种群为 Pop,更新存档集合的伪代码如下:

```
hasRemoval = false;
```

```
for(int i = 1; i ≤ PopSize; i++)
    if (Archive为空)将Pop[i]加入Archive;
    else{
        for(int j = 1; j ≤ ArchiveSize; j++)   {
            if(Pop[i]支配Archive[j] {
                将Archive[i]从Archive中移除;
                hasRemoval = true;
            }
        }
        if(hasRemoval) {
            if(Archive尚未达到最大规模限制)将Pop[i]加入Archive;
            else{
                计算Archive中粒子的拥挤距离;
                移除Architect中拥挤度最大(拥挤距离最小)的粒子;
            }
        }
    }
}
```

4.3 案例分析

4.3.1 案例描述

案例背景：在一特定受灾区域内共有 100 个需求点，任务区域示意图如图 4.4 所示。每一个需求点都有各自不同的物资需求，且随着灾情态势变化，物资需求量也具有不确定性。已知需求点前期测算上报的需求量，现拟在该区域内开设 5 个应急综合仓库，需要获得合理的仓库选址方案，使得仓库的保障范围能覆盖的需求点尽可能多，且能够被两个以上仓库保障范围覆盖的受灾安置点尽可能多。

图 4.4　任务区域示意图

Fig4.4　Schematic diagram of operation region

因为本章所研究的是离散选址问题，地形基于栅格网络，因此首先需要以合适的密度将任务区域栅格化。假设任务区域横向（经度）和纵向（纬度）的坐标值都为 1 到 100，则连续的任务区域就抽象成了 100×100 的栅格网络。

本章根据需求点位置分布的不同，共设置了 7 个测试用例，每一用例中各需求点前期上报的物资需求量都为 10，建立的应急仓库服务半径为 5 个网格点范围（两者均为一抽象值），按照 50%的波动范围生成 10 个不同的需求场景。同时，每一场景具有其对应的出现概率，设第 i 个场景的概率为 p_i，$1 \leq p_i \leq 10$，

则有 $\sum_{i=1}^{10} p_i = 1$。

对于每一测试用例，分别使用了 HP-CRO、MOPSO 和 NSGA-Ⅱ进行求解，算法参数设置如表 4.2 所示。三种算法均采用 Java 编写控制台程序实现，JDK 版本为 1.8.0_201，IDE 为 Eclipse Java EE Oxygen，在配置 Intel Core i5 3230M CPU 与 8GB RAM、安装 Ubuntu 18.04 LTS 的计算环境中运行，主要对所求解集前沿的质量、解集分布和求解时间进行分析比较。

表 4.2 三种算法的参数设置

Table 4.2 Parameters respectively applied to three algorithms

算法	参 数 设 置	
HP-CRO	$PopSize = 50$ $ArchiveSize = 50$ $F1UpperBound = 1000$ $F2UpperBound = 1000$ $Iteration = 20000$ $w = 0.729$ $c_1 = 1.49445$ $c_2 = 1.49445$	$v_{max} = 45$ $\sigma = 1$ $KLossRate = 0.5$ $InterRate = 0.6$ $NumHit_{max} = 2$ $InitK = 10$ $RiskF1 = 0.1$ $RiskF2 = 0.1$
MOPSO	$PopSize = 50$ $ArchiveSize = 50$ $F1UpperBound = 1000$ $F2UpperBound = 1000$ $Iteration = 200$ $w = 0.729$	$c_1 = 1.49445$ $c_2 = 1.49445$ $v_{max} = 45$ $RiskF1 = 0.1$ $RiskF2 = 0.1$
NSGA-Ⅱ	$PopSize = 50$ $F1UpperBound = 1000$ $F2UpperBound = 1000$ $p_c = 0.4$	$p_m = 0.1$ $Iteration = 200$ $RiskF1 = 0.1$ $RiskF2 = 0.1$

4.3.2 解集前沿的比较

多目标问题的优化求解结果是解集的前沿，因此对前沿质量进行评价是验证多目标优化算法有效性的重要方式之一。本节针对七个测试用例，分别使用三种算法运行 20 次获得解集前沿，然后进行比较分析。

首先，将每个用例所求得的前沿放在一起进行直观对比，结果如图 4.5 所示。

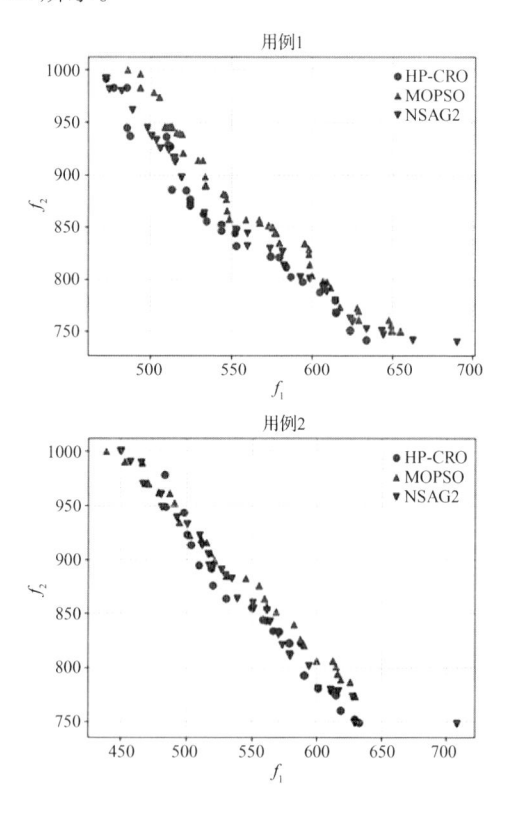

图 4.5 解集前沿的比较

Fig4.5 Comparison of final fronts of solution sets

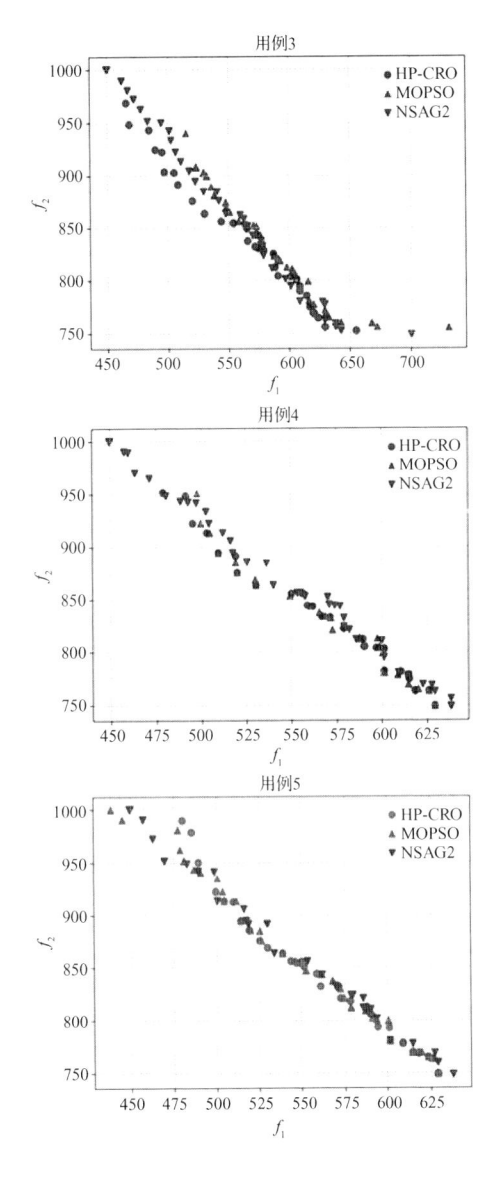

图 4.5 解集前沿的比较（续）

Fig4.5 Comparison of final fronts of solution sets

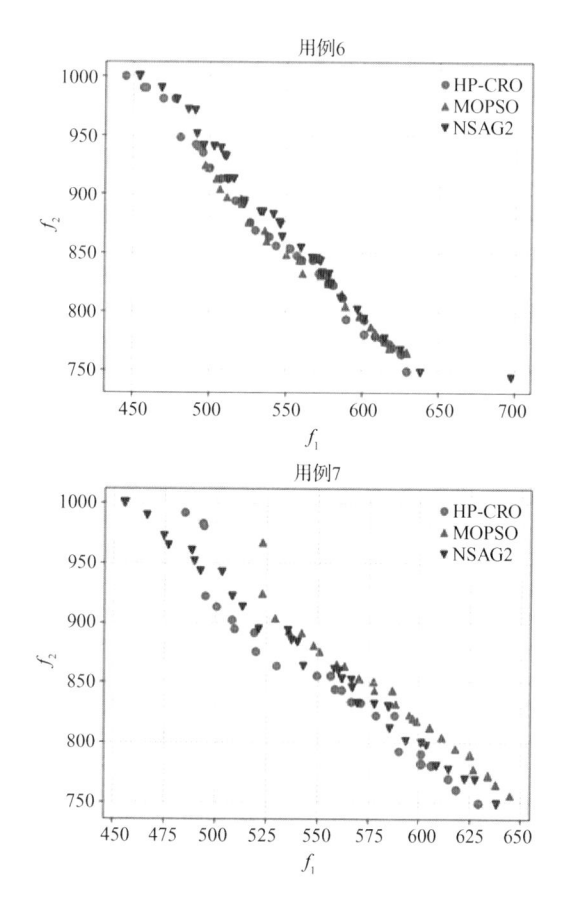

图 4.5 解集前沿的比较（续）

Fig4.5 Comparison of final fronts of solution sets

图中各子图的横轴 f_1 代表目标 1（覆盖的总需求），纵轴 f_2 代表目标 2(备份覆盖的需求)。在用例 2、例 5、例 7 中，HP-CRO 解集虽然在左上侧极端点存在劣于 NSGA-Ⅱ 的情况，但优于 NSGA-Ⅱ 的解集比例更大，同时在其他用例中均无明显劣于 NSGA-Ⅱ 的情况。在用例 4 和例 5 中，三种算法的前沿解集互相交错、较为接近,在解空间中的整体位置没有明显差异。在用例6中,NSGA-Ⅱ的前沿解集更远离原点,HP-CRO和MOPSO前沿共同处于小幅领先的位置;在用例1、例2、例7中,MOPSO前沿则较另外两个算法更远离原点,其中用例2的HP-CRO和NSGA-Ⅱ前沿共同处于小幅领先的位置。相比之下,HP-CRO的前沿解集在所有用例中都没有明显落后于另外两种算法的情况,且在用例1、例3、例7中比另外两种算法更靠近原点。因此,从直观比较的结果来看,HP-CRO的前沿解集质量优于另外两种算法前沿。

但是,单纯比较解集前沿与原点的接近程度并不能完全代表前沿的性能。一般而言,多目标问题解集前沿的评价可采用计算帕累托前沿收敛量的方式,即计算解集前沿中的每个解与帕累托前沿中的解在解空间中的最小欧式距离,并求出这些距离的平均值。但此收敛量的计算依赖于既有帕累托前沿,而对特定的应急仓库选址优化问题,其最优解(帕累托前沿)是未知的,因此在评价三种算法的解集时计算收敛量并不具有可行性。

超量(Hyper Volume)是另一种常用的评价多目标解集前沿性能的指标。此概念由 Ziztler 等于 1999 年提出[169],但直到 2003 年这一指标才开始广泛应用到多目标优化算法的评价中[170]。相比于他们提出的计算最大分散度[171]来比较分布特性的方法,超量是一种更均衡、可以反映更多特性的指标。以一个双目标优化问题为例,超量计算的是解集前沿中所有解与解空间中一个参考点所围成的面积,其不仅代表了解集前沿的收敛性,同时也体现了前沿的分布特性。因此,超量是评价解集前沿性能的一个较为综合的指标。超量的值越大说明解集前沿的质量越好，在计算超量时要关注的一个问题是参考点的选取。如果所求问题中的目标都是最大化，那么在解空间中解集前沿的趋势是远离原点的，此时参考点应选择前沿左下方，各目标分量值均小于前沿中所有解的点；相反地，对于本章的最小化问题，参考点则应在解集前沿的右上方，且各目标分量均大于前沿中的所有解。超量示意图如图 4.6 所示。

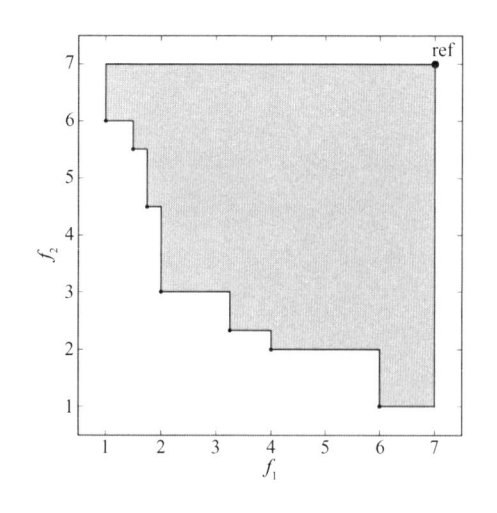

图 4.6 超量示意图

Fig4.6　Schematic diagram of hyper volume

因此，我们接下来评估求解过程中三种算法解集前沿的超量随迭代而变化的情况，这既有利于比较各算法所求得的最终解集的质量，也可分析算法的收敛速度与稳定性。需要注意的是，对于 NSGA-II 而言，解集指染色体种群，而对 MOPSO 与 HP-CRO 则是指保存优秀解的存档集合。同时，考虑到 MOPSO 和 NSGA-II 每次迭代将处理整个种群，而 HP-CRO 每次仅处理最多两个粒子，因此，本章对算法输出解集前沿的频率进行了调整。具体的方法是，在求解某一用例时，MOPSO 和 NSGA-Ⅱ每次迭代结束后输出一次解集前沿，HP-CRO 则是每 100 次迭代后再输出一次前沿。七个用例各算法输出的超量变化情况如图 4.7 所示。

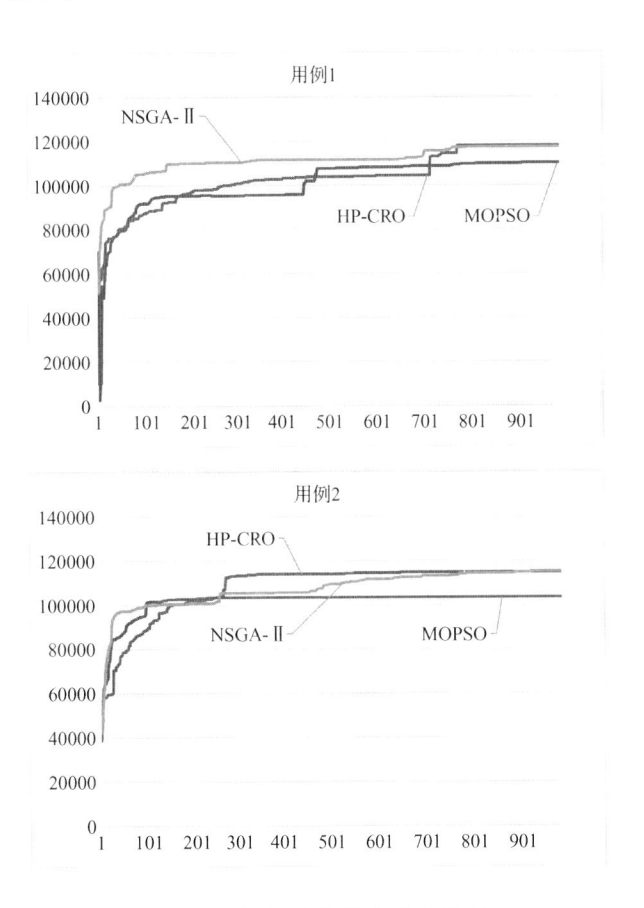

图 4.7 超量随迭代变化的比较

Fig4.7 Comparison of hyper volumes' varying with iteration

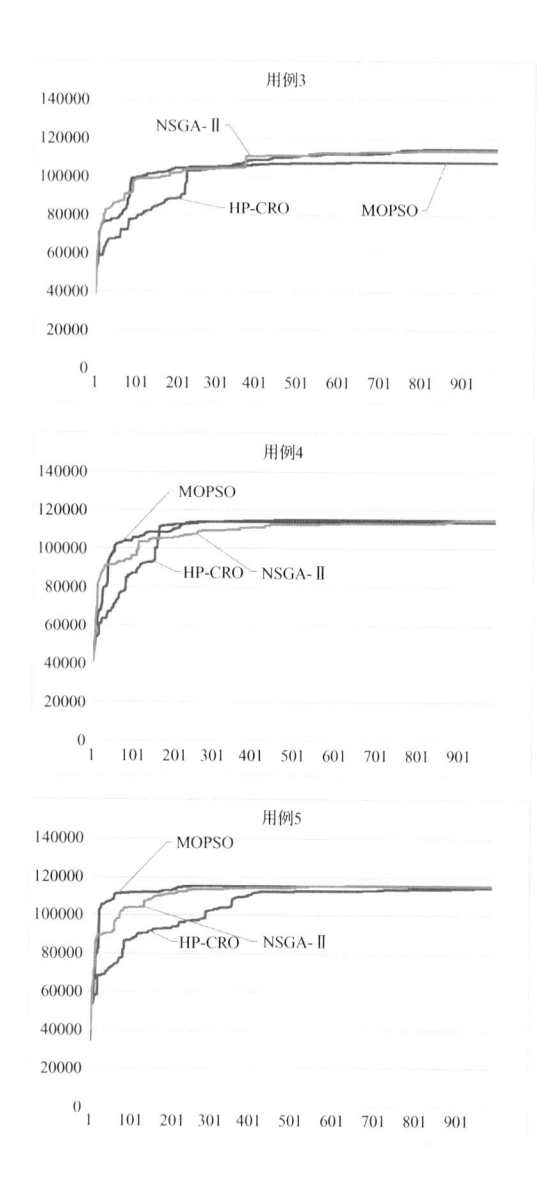

图 4.7 超量随迭代变化的比较（续）

Fig4.7 Comparison of hyper volumes' varying with iteration

第 4 章 应急仓库选址模型的构建与优化

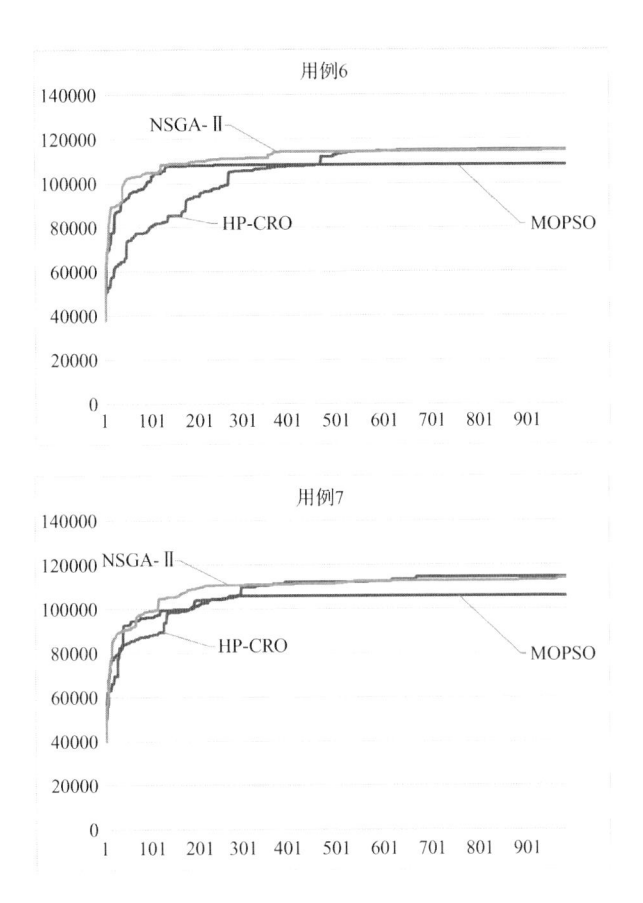

用例6

用例7

图 4.7 超量随迭代变化的比较（续）

Fig4.7 Comparison of hyper volumes' varying with iteration

观察图中结果可见，在用例 1、例 3、例 4、例 6、例 7 中，HP-CRO 前沿解集的最终超量值是三种算法中最高的；NSGA-Ⅱ的前沿超量值则在用例 2、例 5 中为最高；而在所有用例中 MOPSO 的前沿解集最终超量值一直处于最低水平。同时，HP-CRO 和 NSGA-Ⅱ前沿的最终超量值总是较为接近，最大差

109

距（用例 5）为 818.45；MOPSO 最终超量在用例 4、例 5 中更接近另两种算法中的较小值，最小差距（用例 5）为 536，而在其他 5 个用例中差距都较大，最大差距（用例 2）达到了 11325.98。从超量随迭代变化的比较中可看出，MOPSO 的前沿超量值在迭代开始时增长更快，但总是在较早阶段就稳定下来，尤其是甚至在用例 2、6 中从不到 200 次迭代开始就不再有任何增长，说明其搜索过程较早陷入了局部最优；而 HP-CRO 和 NSGA-Ⅱ 的前沿解集超量增速较缓，但增长过程持续更久，说明其在搜索过程中不易受局部最优的困扰，更容易找到新的优秀解。综合来看，HP-CRO 的前沿解集性能为三种算法中最佳，NSGA-Ⅱ 次之但与前者差距不大，而 MOPSO 前沿解集性能则与另外两种算法有较大差距。

4.3.3 求解时间的比较

前面分别比较了三种算法求解测试用例所得的超量与分散度，这两个指标均是对解集前沿在解空间中的质量进行评价，而除了空间维度外，对算法性能的评价还应包括时间维度。因此，本节对三种算法的时间消耗进行了评估，从而更加全面地反映各算法的综合性能。对七个测试用例使用三种算法分别运行 20 次所消耗的时间进行了对比，结果如表 4.3 所示。

表 4.3 运行时间的比较

Table 4.3 Comparison of running times

测试用例	20 次运行时间（s）		
	HP-CRO	MOPSO	NSGA-Ⅱ
用例 1	7.14	6.72	11.20
用例 2	7.31	4.22	9.68

续表

测试用例	20 次运行时间（s）		
	HP-CRO	MOPSO	NSGA-Ⅱ
用例 3	7.55	9.43	9.96
用例 4	10.12	4.19	9.96
用例 5	7.60	5.99	8.93
用例 6	7.90	10.16	8.82
用例 7	14.55	4.20	12.60

MOPSO 的运行时间是三种算法中最短的，在 7 个用例中最快用时 4.19s（用例 4），最慢为 10.16s（用例 6），在用例 1、2、4、5、7 中时间消耗都大幅少于另外两种算法。HP-CRO 在用例 4、7 中具有相对较多的耗时，而在其他用例中时间消耗均少于 NSGA-Ⅱ。如前文所述，MOPSO 具有计算过程简单的优势，但其计算时间大幅低于另外两种算法仍然令人意外。这是因为，HP-CRO 中的 CRO 操作及 NSGA-Ⅱ 中的交叉、变异及选择的操作容易消耗更多的算力，从而使得运行时间增加，且 MOPSO 在一次迭代中只需要进行一次全局最优解的选择，所有的粒子都是基于此全局最优进行计算。不过，对于本文研究的问题而言，MOPSO 的前沿解集性能在所有用例中都不具有优势，因此它在计算时间上的优势其实是被抵消了。而 HP-CRO 运行时间消耗在大多数情况下低于 NSGA-Ⅱ，即使是最长时间（14.55s，用例 7）也是可以接受的。

综合来看，MOPSO 运行耗时最少但前沿解集分布性劣于另外两种算法；HP-CRO 除前沿分布性能优于 NSGA-Ⅱ外，运行时间消耗也少于后者；同时，三种算法运行所用时间绝对值差异并不大且都在实际应用可接受范围内。因此，HP-CRO 虽然

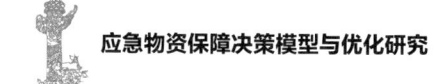

运算速度不是最快，但综合表现是三种算法中最好的。

4.4　本章小结

本章对应急仓库选址的需求进行了分析，并以灾害条件下受灾安置点进行保障的应急仓库为选址研究的具体对象，而后结合应急仓库联结应急物资集散中心与受灾安置点的保障模式，首先假设所有参数都是确定值，提出了应急仓库选址的确定性模型，而后根据实际救灾行动中物资需求存在不确定性的特点，以鲁棒优化理论为基础，将确定性模型转化为应急仓库选址的鲁棒优化模型，并对相关参数、目标函数和约束条件进行了说明。

在此基础上，为了能高效地求解应急仓库选址的鲁棒优化模型，本章选取了三个比较有代表性的算法求解模型：NSGA-Ⅱ、MOPSO与近年新提出的HP-CRO，并对三种算法的求解效率进行了多个维度的比较，包括解集前沿的比较、解集分布范围的比较与求解时间的比较。通过比较我们发现，HP-CRO算法求解应急仓库选址鲁棒优化模型的优化效果要优于另外两种较经典的算法。

第5章

应急物资配送车辆调度模型的构建与优化

5.1 应急物资配送车辆调度模型的构建

现代社会面临的突发事件多种多样，应急救援物资需求量大，品种繁多，供应链复杂，对于改变应急物资配送车辆调度模式具有迫切需求。随着信息技术的发展，现代物流理论层出不穷，为解决应急物资配送车辆调度问题指引了新的研究方向。但应急物资配送车辆调度不同于一般的现代企业物流。因此，充分考虑物资配送车辆调度的应急救援特点，紧紧贴近现实环境是成功构建应急物资配送车辆调度模型的关键。

5.1.1 影响因素分析

大规模紧急事件破坏力巨大，往往造成大量的人员伤亡和财产损失，这使得救灾物资供应保障呈现出需求动态变化、物资需求量大、指挥控制复杂等新的特征。救灾物资配送相比现代企业物流而言，需要考虑更多的优化目标。现代企业物流只需要考虑经济性问题，即选择最短的运输道路，降低运输费用成本，只有极特殊情况下才会考虑时间约束的问题。但在救灾物资配送时，关系到应急处置效益的运输安全性和时效性是首要优化目标，之后才考虑运输成本的经济效益，而它们之间的权重比需要专家根据实际情况来权衡。

（1）时间性因素

时间性是车辆调度中一个必须重视的优化目标，在物资的补给过程中，时间无疑是最宝贵的资源。对于即时补给策略来说，适时物资补给提供的不单是物质的支持，更是精神的鼓舞，补给的延迟有可能错失救援的最佳时机，每分每秒的差别也可能改变受灾群众的命运，甚至影响整项救灾活动的最终效益。由于运输路径的差异性，运输任务完成的时间有别，受之影响的时效性也不尽相同。为了使灾后宝贵的救援时间得到最充分的使用，提高应急物资的补给速度和输送效率，需要使车辆运输时间尽可能短。

（2）风险性因素

风险性是应急物资配送车辆调度中另一个不可忽略的优化目标。由于各个省市的应急物资配送中心往往离受灾地域有较长的一段距离，在受灾较严重的路段，道路随时有可能发生泥石流、塌方、洪水等险情，运输救援物资的车辆被损毁将导致无法给灾区提供物资保障，而且会造成大量的人员伤亡和经济损失，所以运输过程的风险需要在一个可控的范围内。

由于自然环境的差异，通过不同路段完成运输任务时，其风险系数也是不同的。一般情况下，安全通过概率被用来描述通过某段路的可能性大小，或者使用风险系数描述遭遇危险程度的大小,并作为应急物资配送车辆调度的风险性优化目标。而可能性大小或风险系数直接与货物在运输中的损失数量相关,从而影响整个运输过程的配送量。

(3)经济性因素

经济性因素是应急物资配送车辆调度的一个次要影响因素,经济性目标要求在维持一定的配送速度和运输安全的前提下,尽可能降低配送补给费用,实现应急物资配送车辆调度过程费用的最小化和经济效益的最大化。

5.1.2 问题描述与假设

(1)问题描述

由于在实际配送过程中,往往需要在集结点编组车队,所以分别设置了配送中心集结点和需求地域集结点,便于应急救援指挥员灵活编组车队。本章所需解决的应急物资配送车辆调度问题可简要表述如下:调派车辆到配送中心的集结点编组成车队然后运输物资到 N 个配送地域的集结点,具体配送过程如图 5.1 所示。

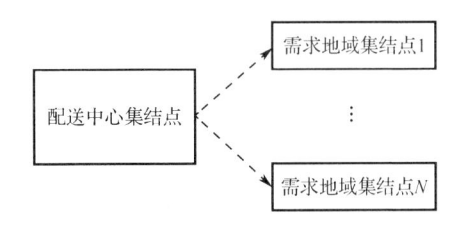

图 5.1 物资配送车辆调度过程示意图

Fig5.1 Schematic diagram of material distribution vehicle scheduling process

已知路网状况(每段路的风险系数及通行时间),要求综合考虑风险性、时间性和经济性等因素的影响，得到配送中心集结点到需求地域集结点的最优路径（由于路径的通行时间与配送过程的花费呈正相关，故不再考虑经济性因素的影响）。

（2）模型假设

收到物资配送命令后，需安排运输车辆从配送中心向需求地域集结点运送物资，如何在考虑配送路径的风险和通行时间的前提下，尽快完成路径规划，受多个不确定因素影响，是一个复杂问题。本章针对应急物资配送车辆调度的特点进行了简化，假设条件如下：①每段路的通行时间固定；②不考虑车辆加油和中途休息的情况；③运输地域往往在偏僻边远地区，路网相对简单，同时为了便于组织力量对运输线进行保护，所以选择一条固定路径作为配送路线；④在进行交通管制的情况下，民用车辆不允许上道，除特殊路口外，不易发生交通堵塞，故不考虑发生交通拥堵的情况。

5.1.3 模型的构建

应急物资配送车辆调度模型主要是以风险最小和时间最短为优化目标，完成从配送中心集结点到需求地域集结点的路径选择。

5.1.3.1 符号和变量定义

模型中所用到的符号和变量定义如下：

V：配送中心集结点与需求地域集结点之间的网络节点集；

p_{ij}：节点 V_i 与 V_j 之间道路的风险系数，$(V_i, V_j) \in V$；$i, j \leq s$；

t_{ij}：节点 V_i 与 V_j 之间道路的行驶时间，$(V_i, V_j) \in V$；$i, j \leq s$；

s：节点数，$i, j \leq s$；

α：时间的权重系数；

β：风险的权重系数；

$$\lambda_{ij} = \begin{cases} 1, \text{ 表示节点} V_i \text{与} V_j \text{有道路连接；} \\ 0, \text{ 表示节点} V_i \text{与} V_j \text{无道路连接。} \end{cases}$$

$$\chi_{ij} = \begin{cases} 1, \text{ 表示经过节点} V_i \text{与} V_j \text{之间的道路；} \\ 0, \text{ 表示不经过节点} V_i \text{与} V_j \text{之间的道路。} \end{cases}$$

5.1.3.2 模型构建

$$Z = \min \sum_{i,j=1}^{s} \left\{ \alpha \frac{t_{ij}\chi_{ij} - \min(t_{ij}\lambda_{ij})}{\max(t_{ij}\lambda_{ij}) - \min(t_{ij}\lambda_{ij})} + \beta \frac{p_{ij}\chi_{ij} - \min(p_{ij}\lambda_{ij})}{\max(p_{ij}\lambda_{ij}) - \min(p_{ij}\lambda_{ij})} \right\} \tag{5.1}$$

s.t.：

$$\alpha + \beta = 1 \tag{5.2}$$

$$\sum_{i,j=1}^{s} p_{ij} = 1 \tag{5.3}$$

式（5.1）是一个关于时间最短和风险最小的双目标优化模型，并采用极值法对每条道路进行无量纲化处理；式（5.2）为了参数的规范化，令风险和时间的权重系数之和为1；式（5.3）确保所有道路的风险系数之和为1。

5.2 应急物资配送车辆调度的优化研究

本章提出的物资配送车辆调度问题是双目标下的最短路径问题，使用无量纲方法，进行加权求和，可得到每条路径关于风险性和时间性的综合边权。通过对各种算法进行比较，采用Dijkstra算法能够准确高效地求得从配送中心集结点到需求地域集结点关于综合边权的最短路径。Dijkstra算法的主要特点是以起始点为中心向外层层扩展，依次找到起始点到各顶点的最短距离，直到扩展到终点为止。在本章中，起始点指的是配送中心集结点，终点指的是需求地域集结点。

5.2.1 算法总体流程

Dijkstra 算法流程如图 5.2 所示。

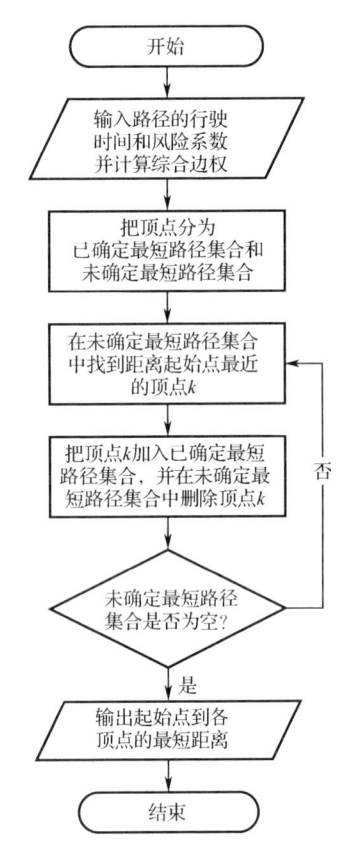

图 5.2　Dijkstra 算法流程图

Fig5.2　Flow chart of Dijkstra algorithm

第 5 章　应急物资配送车辆调度模型的构建与优化

　　Dijkstra 算法的基本思想如下：把图 5.3 中的顶点集合 V_i（$i \leq s$）分成两部分，第一部分为已确定最短路径的顶点集合 S（初始时集合 S 中只有一个起始点，以后每求得一个顶点到起始点的最短路径，就将这个顶点加入集合 S 中），第二部分为未确定最短路径的顶点集合 U（每求得一个顶点到起始点的最短路径，就将这个顶点从集合 U 中删除，直到集合 U 为空，算法就结束了）。按最短路径长度的递增次序依次把集合 U 中的顶点加入集合 S 中，在加入的过程中，总保持从初始点到集合 S 中各顶点的最短路径长度不大于从初始点到集合 U 中任何顶点的最短路径长度。此外，集合中每个顶点对应一个距离，集合 S 中的顶点的距离就是初始点到此顶点的最短路径长度，集合 U 中的顶点的距离，是在只包括集合 S 中的顶点为中间顶点的前提下，从初始点到此顶点的当前最短路径长度。

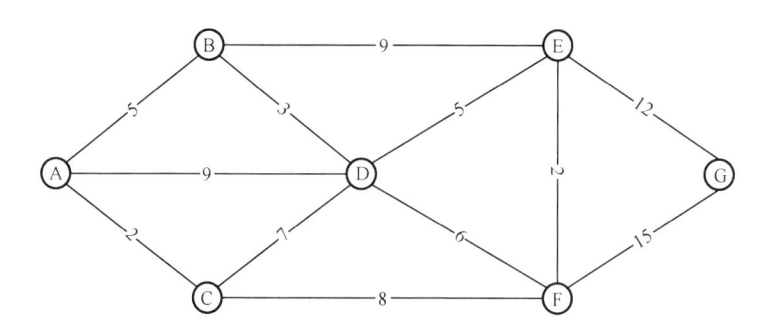

图 5.3　道路网络节点图

Fig5.3　Path network node map

5.2.2　主要步骤

① 计算路径长度并初始化两个集合。

$$w_{ij} = \alpha \frac{t_{ij}\chi_{ij} - \min(t_{ij}\lambda_{ij})}{\max(t_{ij}\lambda_{ij}) - \min(t_{ij}\lambda_{ij})} + \beta \frac{p_{ij}\chi_{ij} - \min(p_{ij}\lambda_{ij})}{\max(p_{ij}\lambda_{ij}) - \min(p_{ij}\lambda_{ij})} \quad (5.4)$$

在输入路径行驶时间和风险系数后，采用式（5.4），求得每条路径的长度 w_{ij}（在本章中指综合边权）。建立已确定最短路径的顶点集合 S（只有一个起始点，其到初始点距离为 0），未确定最短路径的顶点集合 U（其余各顶点，各顶点到初始点距离为 ∞）。

② 计算集合 U 中的顶点的距离。找出集合 U 中顶点与 S 集合中顶点相邻的点，计算在只包括集合 S 中的顶点为中间顶点的前提下，从初始点到此顶点的当前最短路径长度，并更新集合 U 中各顶点到初始点的距离。

③ 更新集合 S 及集合 U。找出集合 U 中到初始点的距离最近的顶点，把其加入集合 S 中，并在集合 U 中删除这个顶点。

④ 判断集合 U 是否为空，如果不为空则重复步骤②③，直到集合 U 为空，则输出各顶点到起始点的最短距离，从中找出终点（需求地域集结点）到起始点（配送中心集结点）的最短距离，即得到了最优路径。图 5.4 是一个完整的 Dijkstra 求解过程。

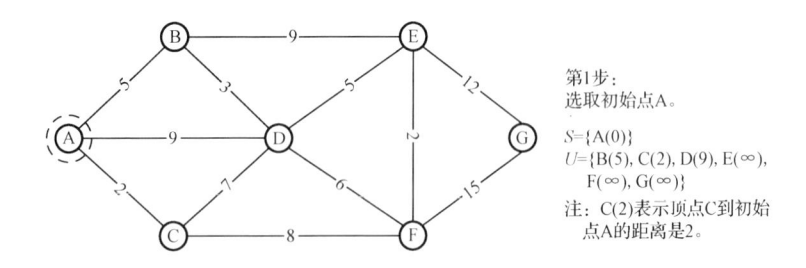

第1步：
选取初始点A。

$S=\{A(0)\}$
$U=\{B(5), C(2), D(9), E(\infty), F(\infty), G(\infty)\}$
注：C(2)表示顶点C到初始点A的距离是2。

图 5.4 Dijkstra 算法求解过程

Fig5.4 Solving process of Dijkstra algorithm

第 5 章　应急物资配送车辆调度模型的构建与优化

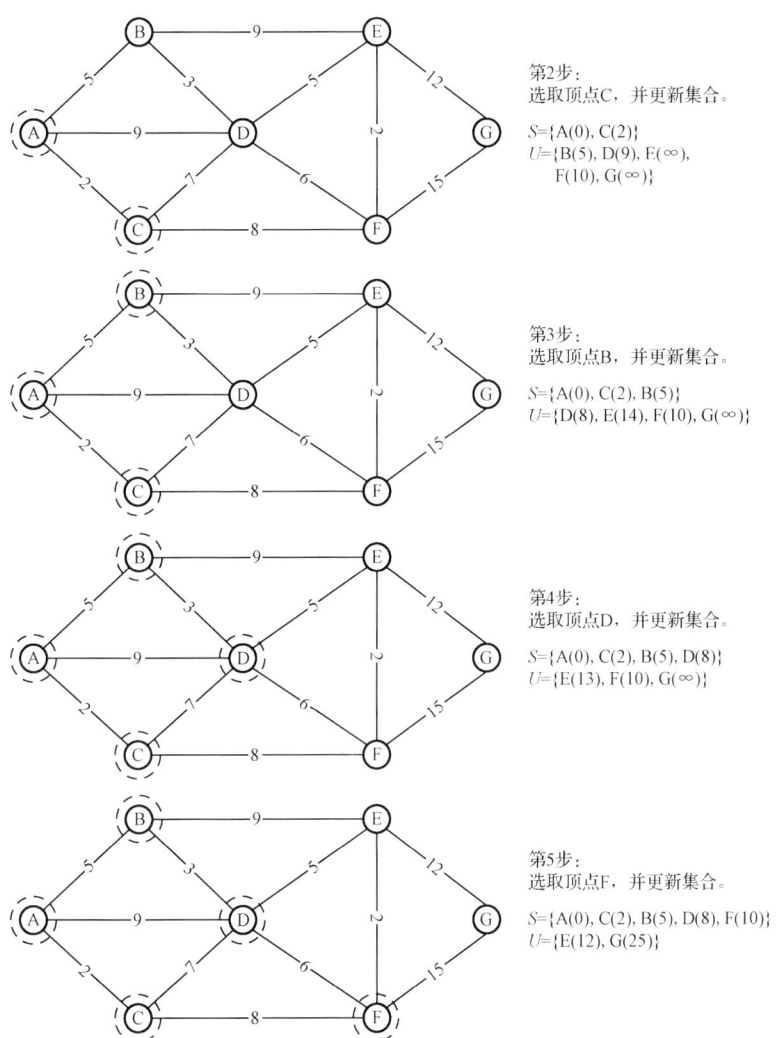

第2步：
选取顶点C，并更新集合。
$S=\{A(0), C(2)\}$
$U=\{B(5), D(9), F(\infty),$
　　$F(10), G(\infty)\}$

第3步：
选取顶点B，并更新集合。
$S=\{A(0), C(2), B(5)\}$
$U=\{D(8), E(14), F(10), G(\infty)\}$

第4步：
选取顶点D，并更新集合。
$S=\{A(0), C(2), B(5), D(8)\}$
$U=\{E(13), F(10), G(\infty)\}$

第5步：
选取顶点F，并更新集合。
$S=\{A(0), C(2), B(5), D(8), F(10)\}$
$U=\{E(12), G(25)\}$

图 5.4　Dijkstra 算法求解过程（续）

Fig5.4　Solving process of Dijkstra algorithm

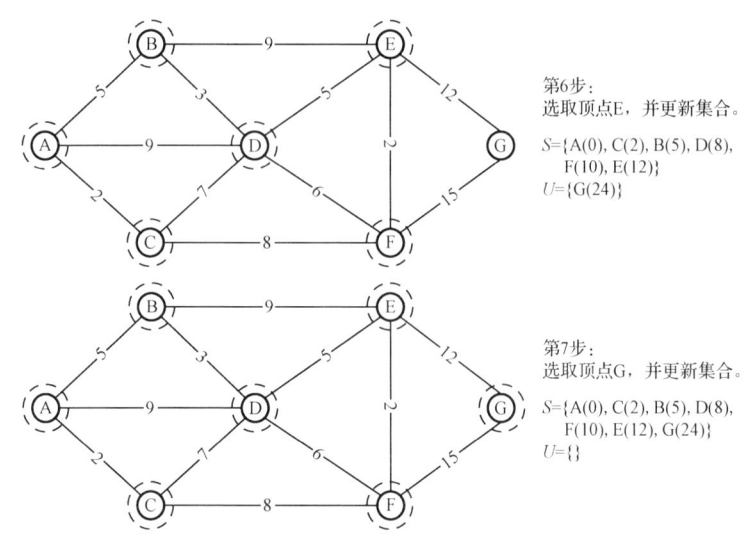

第6步：
选取顶点E，并更新集合。
$S=\{A(0), C(2), B(5), D(8),$
$\quad F(10), E(12)\}$
$U=\{G(24)\}$

第7步：
选取顶点G，并更新集合。
$S=\{A(0), C(2), B(5), D(8),$
$\quad F(10), E(12), G(24)\}$
$U=\{\}$

图 5.4　Dijkstra 算法求解过程（续）

Fig5.4　Solving process of Dijkstra algorithm

5.3　案例分析

5.3.1　作业想定

C 省下辖 A、B 两市突然暴发疫情，为保障医疗机构的物资供应，C 省紧急从应急物资配送中心调配医疗物资到 A、B 两市。配送中心集结点到 A、B 两市集结点的行驶时间路线图如图 5.5 所示。

由于正值夏季，C 省暴雨频发，道路状况条件较差，应急救援指挥员在对道路条件及自然条件进行分析后，对配送中心集结点到 A、B 两市集结点道路网络的风险值 p_{ij} 进行设置，并

且保证 $\sum_{i,j=1}^{s} p_{ij} = 1$。风险系数路线图如图 5.6 所示。

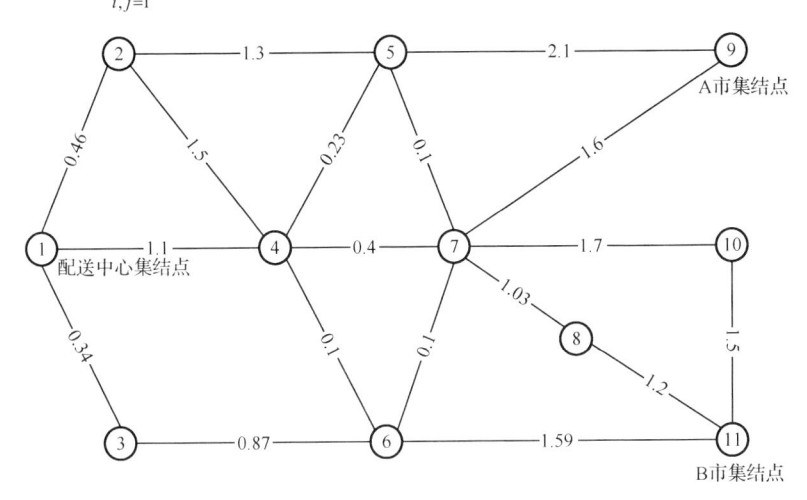

图 5.5　行驶时间路线图

Fig5.5　Travel time path map

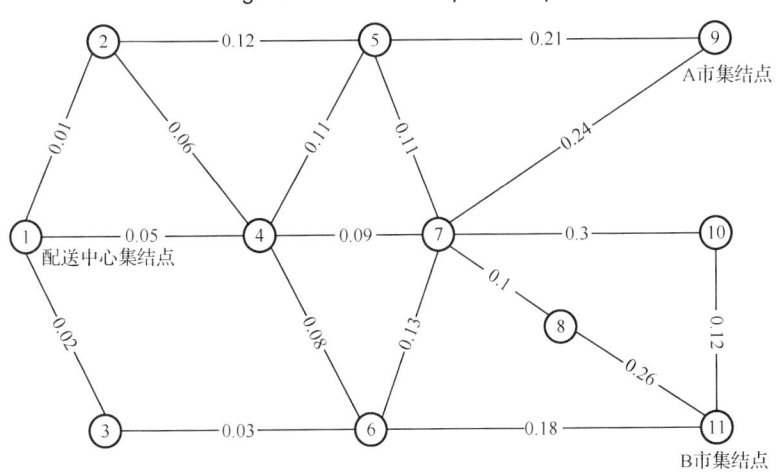

图 5.6　风险系数路线图

Fig5.6　Risk coefficient roadmap

5.3.2 案例计算

本章采取 MATLAB 2018a 编程，在 2.40GHz CPU 和 8GB 内存的系统环境下进行案例求解。

设置时间权重系数 $\alpha = 0.4$，风险权重系数 $\beta = 0.6$，运行 Dijkstra 程序 30 次，均求得配送中心集结点到 A 市集结点的最优路径为①—>④—>⑦—>⑨，行驶时间为 3.1h；配送中心集结点到 B 市集结点的最优路径为①—>③—>⑥—>⑪，行驶时间为 2.8h，运算平均用时 0.013s 且波动范围极小。

5.4 本章小结

本章通过对应急物资配送车辆调度的影响因素进行分析，结合我国车辆运输的实际情况，提出了由配送中心向多个需求地域配送物资的车辆调度问题，建立了相应的数学模型，明确了约束条件及优化目标。在此基础上，在采用极值法对行驶时间及风险系数进行无量纲化处理后，采取 Dijkstra 算法求解出了从配送中心集结点到需求地域集结点的最优路径。

第6章

应急物资分配模型的构建与优化

6.1 应急物资分配模型的构建

由于应急物资配送车辆调度问题的研究仅仅解决了从配送中心集结点到需求地域集结点的路径规划,并不能使物资送到需求点手中,故仍需对应急物资分配模型进行分析。

6.1.1 影响因素分析

应急物资分配完成时间的准确性要求必须在精确时间范围内将应急物资从配送中心仓库运送到需求点。因此,时效性准则是应急物资分配过程中必须考虑的因素,通常考虑车辆调配、车辆运输、装卸货的总时间,而描述时效性的优化目标有两种形式:运输时间最小化和时间窗约束(本章采取运输时间最小化作为优化目标)。值得一提的是,在应急物资分配优化过程中,算法的运算时间也是时效性的一个重要方面。

突发情况千变万化,前期准备不可能面面俱到,所以有时客观条件决定了并不是所有物资需求都能够得到满足,可能出现以下两种情况：①配送中心仓库物资的存储量不能满足需求点对于应急救援物资的需求量；②运输车辆数量不足，不能在规定时间前完成所有物资的运送（由于本章已采取运输时间最小化作为优化目标，故不再考虑不能在规定时间前完成所有物资的运送这一情况，仅考虑了第一种情况）。当这两种情况发生时，需综合分析各个需求点对物资需求的紧迫性，优先保障需求紧迫性高的需求点，使得整个物资分配的需求满足率最大，从而使救援物资的效能得到最大限度地发挥。

6.1.2 问题描述与假设

（1）问题描述

本章所需解决的应急物资分配问题可简要表述如下：从 C 个运输分队调派车辆到配送中心的 U 个仓库中，分多次装载 P 种物资运送到 N 个需求地域的 $\sum_{n=1}^{N} M_n$ 个需求点中，物资分配过程示意图如图 6.1 所示。

已知物资储存量、物资需求量、需求紧迫性、车辆数和车辆最大载重，要求综合考虑时间性、需求满足率和经济性等因素的影响，得到详细可执行的分配方案。

（2）模型假设

在确定从配送中心集结点到需求地域集结点的车辆调度路径后，需安排有限的运输车辆从配送中心的多个仓库向需求地域的多个需求点运送多种物资，如何使需求满足率最大，并尽快完成物资分配任务，是一个复杂的 NP-Hard 问题。本章针对应急物资分配的特点进行了简化，假设条件如下：①运输车辆为同一型号，具体情况不再细分；②每一辆车只完成从配送中心的某一固定仓库到需求地域的某一固定需求点的运送任务；③配送中心仓库到配送中心集结点的距离较近且路线固定，到达需求点的过程中，必须经过需求地域集结点；④不考虑物资的装卸货时间；⑤不考虑公平性的影响；⑥配送中心集结点到需求地域集结点的所需时间已知。

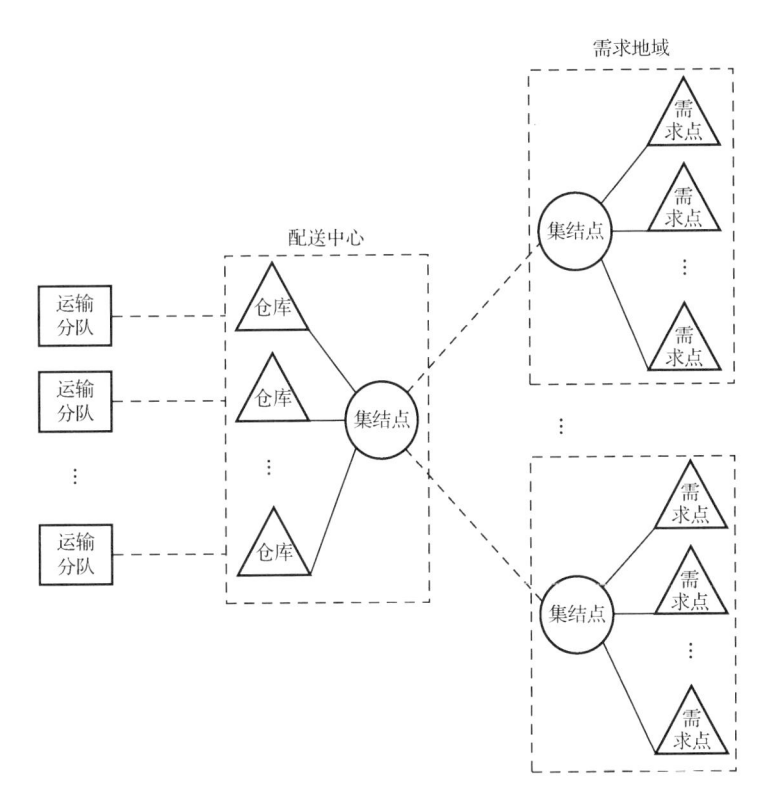

图 6.1 物资分配过程示意图

Fig6.1 Schematic diagram of material distribution process

6.1.3 模型的构建

6.1.3.1 符号和变量定义

模型中所用到中符号和变量定义如下:

U: 配送中心所拥有的仓库个数;

P: 物资种类;

N: 需求地域数;

M_n: 需求地域 n 所包含的需求点个数, $n \leq N$;

C: 运输分队数;

Q_{ij}: 配送中心仓库 i 中物资 j 的储存量, $i \leq U$, $j \leq P$;

N_{nmj}: 需求地域 n 所属的需求点 m 对物资 j 的需求量, $n \leq N$, $m \leq M_n$;

A_c: 运输分队 c 拥有车辆的数量, $c \leq C$;

q_j: 物资 j 每箱占车辆运力的比例, $j \leq P$;

bt_c: 由运输分队配置地 c 到配送中心集结点的所需时间, $c \leq C$;

ct_i: 由配送中心仓库 i 到配送中心集结点的所需时间, $i \leq U$;

ft_n: 由配送中心集结点到需求地域 n 集结点的最优路径所需的时间, $n \leq N$;

tt_{nm}: 由需求地域 n 集结点到需求地域 n 所属的应急仓库 m 的所需时间, $n \leq N$, $m \leq M_n$;

γ_{nmj}: 需求地域 n 所属的需求点 m 对于物资 j 的需求紧迫性, $n \leq N$, $m \leq M_n$, $j \leq P$;

α: 物资分配完成时间的权重系数;

β: 车辆运输总时间(与物资分配的经济性成正相关)的权重系数;

$$\chi_{ijnm} = \begin{cases} b, \text{由配送中心仓库} i \text{把物资} j \text{运送} b \text{箱到需求地域} n \text{所属的} \\ \quad \text{需求点} m, \\ 0, \text{否则} \end{cases}$$

$$y_{cinm} = \begin{cases} w, \text{从运输分队} c \text{调} w \text{辆车由配送中心仓库} i \text{把物资运送到} \\ \quad \text{需求地域} n \text{所属的需求点} m, \\ 0, \text{否则} \end{cases}$$

$$g_{inm} = \begin{cases} \varepsilon, \text{分} \varepsilon \text{次由配送中心仓库} i \text{把物资运送到需求地域} n \text{所属的} \\ \quad \text{需求点} m, \\ 0, \text{否则} \end{cases}$$

6.1.3.2 模型构建

$$Z_1 = \max \sum_{j=1}^{P} \sum_{n=1}^{N} \sum_{m=1}^{M_n} \left\{ \gamma_{nmj} \times \frac{\sum_{i=1}^{U} \chi_{ijnm}}{N_{nmj}} \right\} \tag{6.1}$$

$$Z_2 = \min \left\{ \frac{\max(T_{cinm}) - \min(\text{Emax}T)}{\max(\text{Emax}T) - \min(\text{Emax}T)} \right. \\ \left. \frac{\sum_{c=1}^{C} \sum_{i=1}^{U} \sum_{n=1}^{N} \sum_{m=1}^{M_n} (T_{cinm} \times y_{cinm}) - \min(\text{Esum}T)}{\max(\text{Esum}T) - \min(\text{Esum}T)} \right\} \tag{6.2}$$

s.t.：

$$g_{inm} \times \sum_{c=1}^{C} y_{cinm} \geq \sum_{j=1}^{P} (\chi_{ijnm} q_j) \tag{6.3}$$

$$A_c \geq \sum_{i=1}^{U} \sum_{n=1}^{N} \sum_{m=1}^{M_n} y_{cinm} \tag{6.4}$$

$$Q_{ij} \geq \sum_{n=1}^{N} \sum_{m=1}^{M_n} \chi_{ijnm} \tag{6.5}$$

$$\sum_{n=1}^{N} \sum_{m=1}^{M_n} \sum_{j=1}^{P} \gamma_{nmj} = 1 \tag{6.6}$$

式（6.1）表示物资储存量不足时，使得需求满足率尽可能大。式（6.2）表示在满足式（6.1）的条件下，使得物资分配完成时间和车辆运输总时间尽可能短，其中 $T_{cinm} = bt_c + ct_i + (2 \times g_{inm} - 1) \times (ct_i + ft_n + tt_{nm})$，即每辆车从运输分队配置地到配送中心仓库，再到需求地域所属需求点的运输时间。由于在物资分配方案的生成过程中将对车辆运输总时间和物资分配完成时间进行部分优化，生成的物资分配方案 $\Delta Z_2 / \min(Z_2) < 2$（$\Delta Z_2$ 为任意两次生成的物资分配方案中优化目标的差值，$\min(Z_2)$ 为优化目标的最优解）。因此，本章选取了 50 个随机生成的物资分配方案（$\text{Emax}T$ 表示随机方案的物资分配完成时间，$\text{Esum}T$ 表示随机方案的车辆运输总时间），求得极值，再运用极值法进行无量纲化处理，可以使得物资分配完成时间和车辆运输总时间两个指标对综合评价结果的作用趋同。

式（6.3）确保车辆运力足够完成物资运送任务；式（6.4）确保使用的车辆数不超过运输分队所拥有的车辆数；式（6.5）确保物资运输量小于配送中心仓库的物资存储量；式（6.6）确保所有物资的需求紧迫性之和为 1，可使参数规范。

6.2 应急物资分配的优化研究

生物地理学是一门研究生物物种及其地理分布的学科，即研究生物物种在各栖息地的分布情况、物种数量、迁移及变异规律等，受其启发，美国克利夫兰州立大学的 Dan Simon 教授提出了 BBO 算法[172]。在物资分配阶段，本章采用 BBO 算法进行寻优。为便于区分，本章中的物资分配计划指从某个配送中心仓库到需求地域所属某个需求点关于某类物资的分配计划，物资分配方案指物资分配计划的集合。

6.2.1 算法总体流程

BBO 算法流程图如图 6.2 所示。

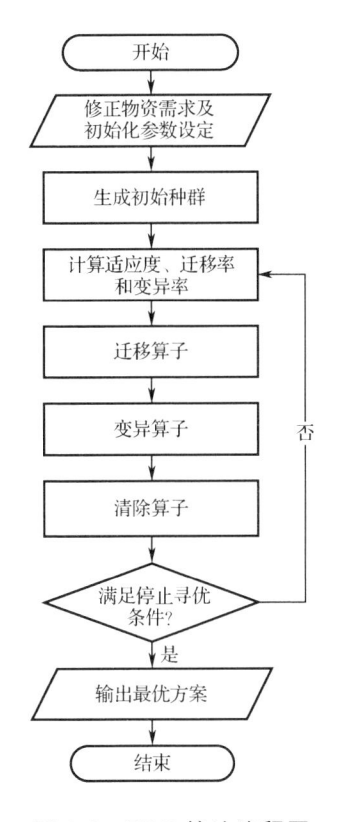

图 6.2 BBO 算法流程图

Fig6.2 Flow chart of BBO algorithm

6.2.2 主要步骤

（1）修正物资需求及初始化参数设定

当配送中心仓库物资存储总量不足以满足需求点的物资需

求时，求解优化目标 Z_1，即依据需求紧迫性与需求量的比值对需求计划进行调整，优先满足比值较高的需求，使修改后的物资需求量不超过配送中心仓库物资存储总量。设置种群大小 NP，最大迁出率 E_{max}，最大迁入率 I_{max}，最大变异率 M_{max}，精英个体保留个数 keep，迭代次数 poptime 等参数。

（2）生成初始种群

随机生成 NP 个栖息地 x_i（在本章中指物资分配方案）作为初始栖息地种群 $H=\{x_i, i=1,2,\cdots,NP\}$。初始物资分配方案的生成过程（模拟决策者人工拟订方案过程）如下：

① 根据每种物资的存储量和需求量随机划分物资种类、物资运量、配送中心仓库和需求地域所属的需求点；

② 计算从同一个配送中心仓库到同一需求点不同物资的总运量，根据物资的总运量和车辆运力分配所需车辆；

③ 优先对运输时间较短的车辆安排多次运输，使得所需车辆总数小于等于运输分队车辆总数；（车辆不足的情况）

④ 优先分配距离配送中心集结点较近运输分队的车辆给运输时间较长的物资分配计划，使物资分配完成时间尽可能短。

（3）计算适应度、迁移率和变异率

$$f(x_i) = -Z_2(x_i) \tag{6.7}$$

$$S_{max} = NP \tag{6.8}$$

$$S_i = S_{max} - i, \quad i = 1, 2, \cdots, NP \tag{6.9}$$

式（6.7）计算每个栖息地 x_i 的适应度指数（Habitat Suitability Index, HSI）$f(x_i)$，即计算 $Z_2(x_i)$ 并取负数。式（6.8）为了简化计算，通常认为最大物种数 S_{max} 等于栖息地种群大小 NP，之后，将 x_i 按照其对应的 HSI 由高到低排序，并由式（6.9）计算物种数量 S_i。

$$u_s = \frac{E_{max} \times s}{S_{max}} \quad (6.10)$$

$$\lambda_s = I_{max} \times \left(1 - \frac{s}{S_{max}}\right) \quad (6.11)$$

式（6.10）计算迁出率 u_s，式（6.11）计算迁入率 λ_s。可以看出，λ_s 和 u_s 是关于物种数量 s 的线性函数，通常考虑最大迁入率和最大迁出率相等。

$$P_s(t+\Delta t) = P_s(t)(1 - \lambda_s \Delta t - u_s \Delta t) + P_{s-1}(t)\lambda_{s-1}\Delta t + P_{s+1}(t)u_{s+1}\Delta t \quad (6.12)$$

$$P_s = \begin{cases} -(\lambda_s + u_s)P_s + u_{s+1}P_{s+1} & s = 0 \\ -(\lambda_s + u_s)P_s + \lambda_{s-1}P_{s-1} + u_{s+1}P_{s+1} & 1 \leq s \leq n-1 \\ -(\lambda_s + u_s)P_s + \lambda_{s-1}P_{s-1} & s = n \end{cases} \quad (6.13)$$

$$P_s = \begin{cases} \dfrac{1}{1 + \sum\limits_{s=1}^{n} \dfrac{\lambda_0 \lambda_1 \cdots \lambda_{s-1}}{u_1 u_2 \cdots u_s}} & s = 0 \\ \dfrac{\lambda_0 \lambda_1 \cdots \lambda_{s-1}}{u_1 u_2 \cdots u_s \left(1 + \sum\limits_{s=1}^{n} \dfrac{\lambda_0 \lambda_1 \cdots \lambda_{s-1}}{u_1 u_2 \cdots u_s}\right)} & 1 \leq s \leq n \end{cases} \quad (6.14)$$

$$m_s = m_{max} \times \left(1 - \frac{P_s}{P_{max}}\right) \quad (6.15)$$

P_s 表示某一栖息地容纳物种数量为 s 时的概率，则从时刻 t 到 $t+\Delta t$，P_s 的变化情况如式（6.12）所示。当 $\Delta t \to 0$ 时，在时间段内发生一个物种以上的迁移的情况可以忽略不计，于是可以化简为式（6.13），由于迁出率 u_s 和迁入率 λ_s 是关于 s 的线性函数，可推出式（6.14）[173]。由式（6.15）即可计算出物种数量为 s 时的变异率，$P_{max} = \max(P_s)$。

（4）迁移算子

迁移算子的流程为：

```
for i = keep to NP          %从精英个体之后遍历种群内的栖息地
    if rand(0,1)< $\lambda_i$    %rand(0,1)用于生成(0,1)之间的均匀随机数
        for j = 1 to NP
            if rand(0,1)< $u_j$
                $x_i$(SIV)= $x_j$(SIV);  %适应度指数变量(Suitability Index
                Break                    Variables, SIV)在本章中指物资分
                                         配计划,即对 $x_i$ 中与 $x_j$ 在物资种类、
                                         需求地域所属需求点和物资运量上
                                         相同的物资分配计划进行替换
            end if
        end for
    end if
end for
```

(5) 变异算子

变异算子的流程为:

```
for i = keep to NP
    if rand(0,1)< $m_i$
        随机产生新的 SIV 替代 $x_i$;    %重新生成一个物资分配方案替
                                       换掉 $x_i$
    end if
end for
```

(6) 清算算子

清算算子的流程为:

```
for i = 1 to NP
    for j = i+1 to NP and j>keep
        if  $x_j$(SIV) == $x_i$(SIV)
            随机产生新的 SIV 替代 $x_j$;  %重新生成一个物资分配方案
                                          替换掉 $x_j$
```

end if
　end for
end for

6.3　案例分析

6.3.1　作业想定

A、B 两个城市为 C 省下辖城市，C 省建立了应急物资配送中心，拥有 4 个仓库，为保证物资运输力量，建立了三支应急运输分队。某日，A、B 两个城市同时暴发了疫情，分别有 3 个和 4 个疾病防控中心急需医疗物资。物资配送中心集结点到城市集结点的行驶时间路线图（最优路径距离）如图 6.3 所示，图中以车辆的行驶时间（小时）作为度量单位。运输分队及仓库的位置距离如图 6.4 所示，图中同样以车辆的行驶时间（小时）作为度量单位。运输分队拥有车辆数如表 6.1 所示，物资所占车辆运力如表 6.2 所示，配送中心仓库储存物资数如表 6.3 所示。

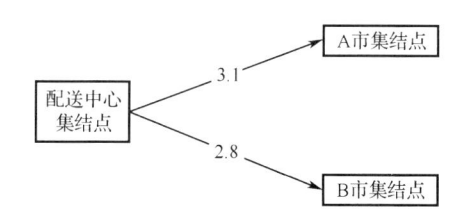

图 6.3　行驶时间路线图

Fig6.3　Travel time path map

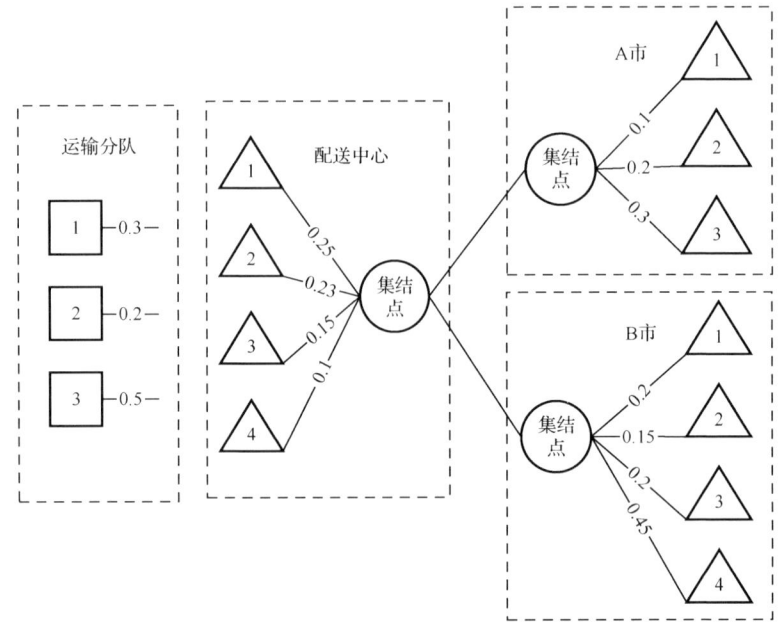

图 6.4　运输分队及仓库位置距离

Fig6.4　Location of the transportation team and warehouse

表 6.1　运输分队拥有车辆数

Table6.1　Number of transportation team vehicles

运 输 分 队	车辆数/辆
1	30
2	10
3	10

第6章 应急物资分配模型的构建与优化

表 6.2 物资所占车辆运力

Table6.2 Transport capacity of materials

物　　资	单箱物资所占车辆运力
1	1/10
2	1/20
3	1/15
4	1/7
5	1/12

表 6.3 配送中心仓库储存物资数

Table6.3 Storage materials in the warehouse of the distribution center

仓　　库	物　　资	数量/箱
1	1	50
1	2	100
1	3	200
1	4	150
2	1	80
2	2	70
2	4	30
2	5	60
3	2	150
3	3	170
3	5	100
4	1	70

续表

仓　库	物　资	数量/箱
4	2	90
4	4	110
4	5	130

在 C 省应急救援指挥员下达立即对 A、B 两市的医疗物资进行补充的指示后。两市上报了所需医疗物资的需求计划，应急救援指挥员与两市相关职能部门共同评估了各项物资的需求紧迫性 w_i，并且保证 $\sum w_i = 1$，物资需求计划如表 6.4 所示。

表 6.4　物资需求计划

Table6.4　Material demand plan

市	疾病防控中心	所需物资	数量/箱	紧　迫　性
A	1	1	150	0.1
A	1	3	60	0.02
A	2	2	70	0.05
A	2	3	30	0.01
A	3	5	55	0.02
B	1	3	130	0.15
B	1	4	170	0.2
B	1	5	200	0.1
B	2	1	30	0.08
B	2	4	100	0.06
B	3	2	15	0.06
B	4	1	35	0.1

续表

市	疾病防控中心	所需物资	数量/箱	紧迫性
B	4	3	20	0.01
B	4	4	45	0.04

6.3.2 案例计算

本章采取 MATLAB 2018a 编程，在 2.40GHz CPU 和 8GB 内存的系统环境下进行案例求解。

设置种群大小 NP = 50，最大迁出率 $E_{max} = 0.5$，最大迁入率 $I_{max} = 0.5$，最大变异率 $M_{max} = 0.2$，精英个体保留个数 keep = 2，迭代次数 poptime =1000，物资分配完成时间权重 $\alpha = 0.8$，车辆运输总时间权重 $\beta = 0.2$，共运行 BBO 程序 30 次。由于疾病防控中心的需求量超过了配送中心的物资存储量，所以对需求计划进行了修正，情况如表 6.5 所示。物资分配完成时间始终保持在 16.1h，表 6.6 为运算分析。表 6.7 为车辆运输总时间为 573.93h 的物资分配方案，图 6.5 为其收敛曲线。

表 6.5 物资需求计划修正情况

Table6.5 Revision of material requirement plan

市	疾病防控中心	所需物资	原需求量数量/箱	修改后需求量数量/箱
A	1	1	150	135
B	2	4	100	75

表 6.6　30 次运行 1000 次迭代运算情况
Table6.6　1000 iterations in 30 runs

物资分配完成时间/h	车辆运输总时间最小值/h	车辆运输总时间最大值/h	车辆运输总时间平均值/h	车辆运输总时间最大差值	运算平均用时/s
16.1	573.93	576.83	575.574	0.505%	48.414

表 6.7　物资分配方案
Table6.7　Material distribution plan

运输分队	车辆数	配送中心仓库	物资种类	物资量/箱	市	疾病防控中心	运输次数
1	4	2	1	80	A	1	2
1	3	4	1	55	A	1	2
1	2	3	3	60	A	1	2
1	2	4	2	70	A	2	2
1	1	3	3	30	A	2	2
1	3	3	5	55	A	3	2
1	6	1	3	110	B	1	2
			4	30			
2	1	3	3	20	B	1	3
			5	10			
1	3	2	3	30	B	1	2
3	2		5	60			
2	9	4	4	110	B	1	3
			5	130			
3	7	1	1	30	B	2	2
			4	75			

续表

运输分队	车辆数	配送中心仓库	物资种类	物资量/箱	市	疾病防控中心	运输次数
3	1	4	2	15	B	3	1
1	5	1	1	20	B	4	2
			3	20			
			4	45			
1	1	4	1	15	B	4	2

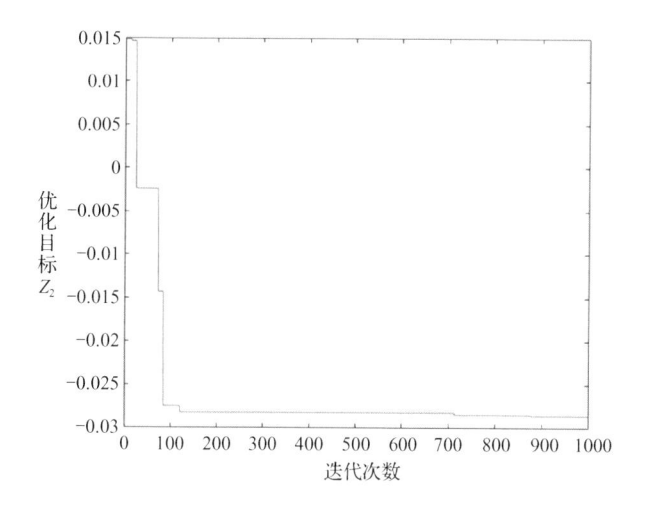

图 6.5　BBO 收敛曲线图

Fig6.5　Convergence curve of BBO

6.3.3　结果分析

从表 6.6 可以发现，经过 1000 次迭代所取得的最优物资分配方案波动性小，并且已经十分接近最优解，是此次物资分配任务的可行方案。BBO 执行效率较高，程序运行时间较短，在实际物资分配方案制定过程中具有时效性。图 6.5 展现了 BBO 算法初期迅速收敛，后期稳定下降的运算过程。虽然在迭代 100 次左右就已经接近最优解，但在迭代 700 次和 900 次左右又得到了两次优化，说明在整个迭代过程中始终没有陷入局部最优，优化结果良好。表 6.7 所展示的物资分配方案分别对每辆车安排了多次运输，与决策者人工拟制的物资分配方案结构相似，但内容更加复杂，考虑到了仅仅依靠人工无法详细运算的因素，具有更快的拟定速度、更优的分配效果，对解决紧急情况下的物资分配问题具有较大的实用价值。

6.4 与遗传算法对比分析

由于 BBO 算法占用了优化求解过程的大部分时间，并且 BBO 算法属于非精确求解算法，所以有必要进一步分析 BBO 算法的运算效率。本章采用遗传算法对 6.3 中同一案例进行对比实验，再与 BBO 算法的运算结果进行对比分析，从而判断哪个算法更加适用于本章提出的模型。

6.4.1 算法总体流程

遗传算法流程如图 6.6 所示。

遗传算法由 John Holland[174]等人于 1975 年率先提出，它是一类模拟生物界自然选择和自然遗传机制的随机化搜索算法。在生成初代种群（在本章中指物资分配方案的集合）后，按照适者生存和优胜劣汰的原则，逐代进化产生出越来越优秀的后代种群。在每一代，根据问题中个体（在本章中指物资分配方案）的适应度大小选择遗传个体，把遗传个体中的各个要素编码为染色体，并且随机挑选两个个体的染色体进行组合交叉，再对部分个体的染色体进行变异，从而产生出后代种群，像自然进化一样的这个过程产生的后代种群中的个体比前代更加适用于所求问题的解。

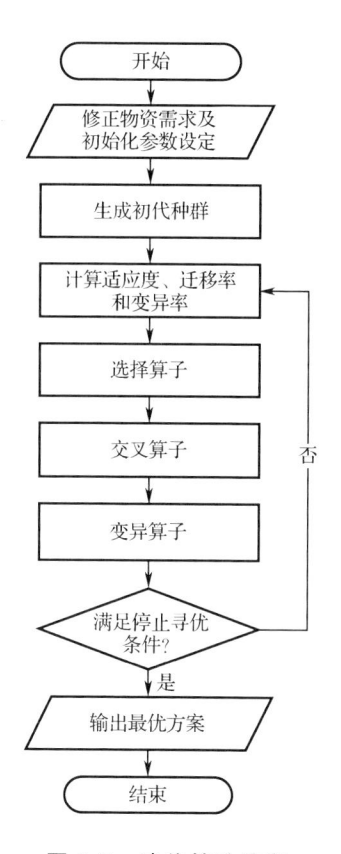

图 6.6 遗传算法流程

Fig6.6 Flow chart of GA

6.4.2 主要步骤

遗传算法中修正物资需求及初始化物资分配方案过程与BBO算法一致,在初始化参数设定中,需要设置种群大小NP,交叉率P_c,变异率P_m,精英个体保留个数keep,迭代次数poptime等参数。为充分比较遗传算法与BBO的运算效率,同样以最大迭代次数为终止优化的唯一条件,其他运算步骤如下。

(1)计算适应度和选择概率

$$f(x_i) = -Z_2(x_i) - \min(-Z_2(x_i)) \quad (6.16)$$

$$P(x_j) = \frac{f(x_i)}{\sum_{j=1}^{N}\sum f(x_j)} \quad (6.17)$$

$$q_i = \sum_{j=1}^{i}\sum P(x_j) \quad (6.18)$$

式(6.16)计算每个个体x_i的适应度指数$f(x_i)$,即计算$-Z_2(x_i)$再与$-Z_2(x_i)$中的最小值做差。式(6.17)采用如图6.7所示的赌轮盘算法计算每个个体的选择概率$P(x_j)$。式(6.18)计算个体x_i($i=1,2,\cdots,n$)的累积概率q_i。

(2)选择算子

选择算子的流程为:

```
for j = keep to NP          %从精英个体之后遍历种群内的个体。
    if q_{i-1} < rand(0,1) ≤ q_i   %rand(0,1)用于生成(0,1)之间的均匀随机数。
        x_j = x_i;          %在初代种群中选择个体 x_i 赋值给遗传个体 x_j。
    end if
end for
```

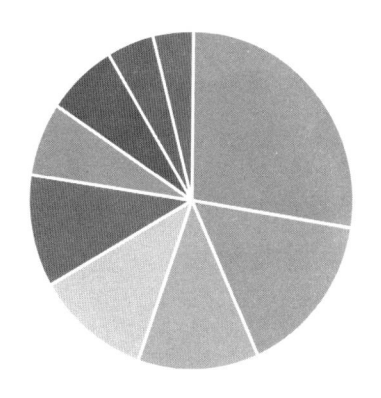

图 6.7　赌轮盘算法

Fig6.7　Bet roulette algorithm

（3）交叉算子

交叉算子的流程为：

```
for i = 1 to NP            %遍历所有遗传个体。
    for j = 1 to NP
        if rand(0,1)< p_c  %rand(0,1)用于生成(0,1)之间的均匀随
                            机数。
            swap= x_i(SIV);         适应度指数变量（Suitability Index
                                    Variables, SIV）
            x_i(SIV)= x_j(SIV);     在本章中指分配计划，对 x_i 中与 x_j 在物
            x_j(SIV)=swap;          资种类、需求地域所属需求点和物资运
                                    量上相同的配送计划进行交换。
        end if
    end for
end for
```

（4）变异算子

变异算子的流程为：

```
for i = 1 to NP            %遍历所有遗传个体。
```

```
if rand(0,1)< m_i
    随机产生新的 SIV 替代 x_i;    %重新生成一个物资分配方案
                                    替换掉 x_i。
    end if
end for
```

6.4.3 对比实验与分析

采用遗传算法对 6.3 中案例进行优化求解，同样采取 MATLAB 2018a 编程，在 2.40GHz CPU 和 8GB 内存的系统环境下进行案例求解。设置种群大小 NP = 50，交叉率 $P_c = 0.6$，变异率 $P_m = 0.2$，精英个体保留个数 keep = 2，迭代次数 poptime = 1000，物资分配完成时间权重 $\alpha = 0.8$，车辆运输总时间权重 $\beta = 0.2$，共运行 37 次。其中 7 次物资分配完成时间取到了 16.4h，并且车辆运输总时间也较长，认为是无效解。其余 30 次运算物资分配完成时间始终保持在 16.1h，表 6.8 为 30 次物资分配完成时间为 16.1h 的运算分析并与 BBO 算法进行对比。图 6.8 为遗传算法 30 次物资分配完成时间为 16.1h 的车辆运输总时间统计并与 BBO 算法进行对比，图 6.9 为遗传算法的收敛曲线（物资分配完成时间为 16.1h，车辆运输总时间为 574.23h）。

表 6.8 30 次运行 1000 次迭代运算情况比较

Table 6.8 Comparison of 1000 iterations in 30 runs

所用算法	物资分配完成时间 /h	车辆运输总时间最小值 /h	车辆运输总时间最大值 /h	车辆运输总时间平均值 /h	车辆运输总时间最大差值	运算平均用时 /s
遗传算法	16.1	574.23	596.78	580.452	3.927%	92.151
BBO 算法	16.1	573.93	576.83	575.574	0.505%	48.414

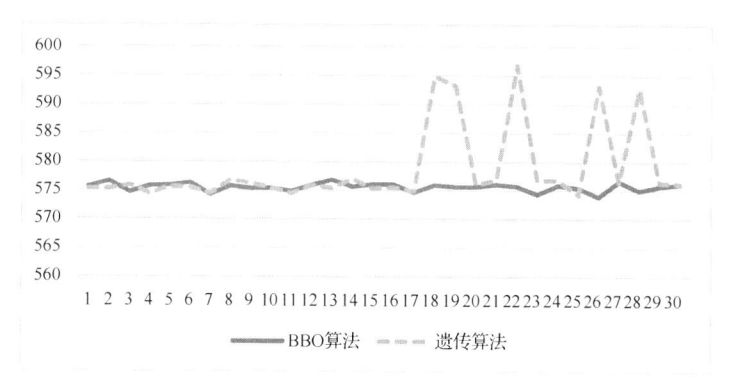

图 6.8　30 次运行车辆运输总时间对比图

Fig6.8　Comparison chart of total vehicle delivery time in 30 runs

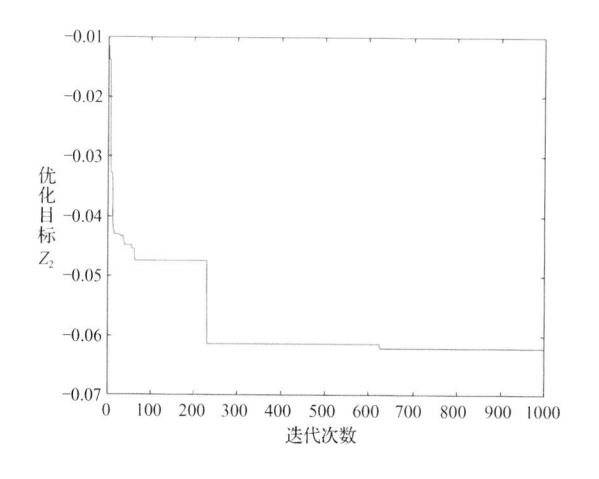

图 6.9　遗传算法收敛曲线

Fig6.9　Convergence graph of GA

通过以上分析可以发现，在相同的运行环境下，遗传算法和 BBO 算法同样经过 1000 次迭代，优化结果却远不及 BBO 算法。首先，由表 6.8、图 6.8 可以看出，BBO 所取得的最优物资

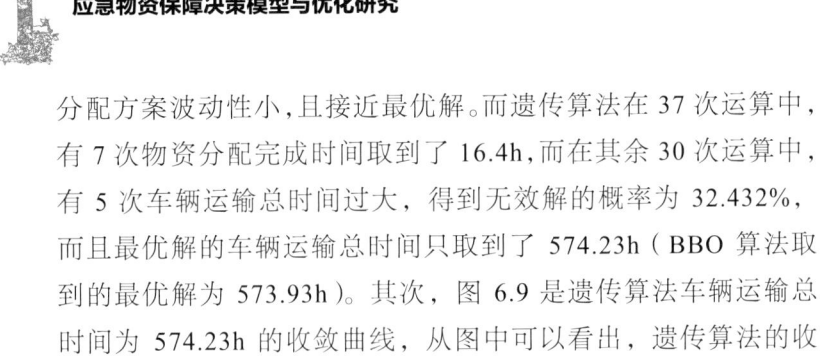

分配方案波动性小，且接近最优解。而遗传算法在 37 次运算中，有 7 次物资分配完成时间取到了 16.4h，而在其余 30 次运算中，有 5 次车辆运输总时间过大，得到无效解的概率为 32.432%，而且最优解的车辆运输总时间只取到了 574.23h（BBO 算法取到的最优解为 573.93h）。其次，图 6.9 是遗传算法车辆运输总时间为 574.23h 的收敛曲线，从图中可以看出，遗传算法的收敛过程比较缓慢，前期经过了多次逐步优化，直到迭代到 200 多次才出现一次较大的优化，之后只在迭代到 600 多次才又出现一次优化。最后，由表 6.8 可以看出，遗传算法的执行效率较差，过程过于烦琐，程序运行时间是 BBO 算法的两倍，在实际物资分配方案制定过程中时效性也比 BBO 算法差。

6.5 本章小结

本章通过对应急物资分配的影响因素进行分析，综合考虑了车辆初始位置分散，储存量小于物资需求，配送中心包含多个仓库，需求地域包含多个需求点和需求物资有多个种类等情况，建立了相应的数学模型，明确了约束条件及优化目标。

在模拟决策者人工拟定物资分配方案的基础上，采用 BBO 算法对生成的初始方案进行寻优，解决了物资储存量不足和车辆不足情况下的多种物资、多车辆、多需求点、多次运输的复杂物资分配问题。实验结果表明，该方法能够在较短时间内大概率得到接近最优解的可行方案，可为应急物资分配提供辅助决策。通过 BBO 算法与遗传算法的对比实验，发现 BBO 算法在优化结果、优化速度及运行效率方面都优于遗传算法，BBO 算法更加适用于本章所提出的模型。

第 7 章

总结与展望

7.1 总结

本书综合考虑了需求预测、仓库选址、车辆调度和物资分配之间的相互联系及对应急物资保障过程的影响,提出了解决紧急情况下需求预测问题、应急仓库选址问题、车辆调度问题和物资分配问题的决策模型与优化算法,并进行了案例分析,具体包括以下四方面的内容。

一是构建了基于 PCR 的应急物资需求预测模型。通过分析现有文献和应急物资消耗的特点,提出采用回归分析求解物资需求的思路,而后分别构建了 MLR 模型和 PCR 模型,经过案例分析发现,PCR 模型的预测精度更高,更适用于应急物资需求预测。

二是构建了基于双目标鲁棒优化理论的应急仓库选址模型,并使用粒子群与化学反应优化混合算法(HP-CRO)进行求解。首先,通过前期调研与文献分析梳理了选址影响因素,考虑最大化满足需求,实际需求存在不确定性与仓库数量有限

等实际情况，以鲁棒优化的思想为基础，提出了最大覆盖与最大备份覆盖的双目标模型。其次，使用粒子群与化学反应优化混合算法（HP-CRO）求解了应急仓库选址模型，同时选取MOPSO算法与NSGA-Ⅱ算法求解，对三种算法求解性能进行对比分析。通过综合考量各算法在解集前沿、超量随迭代过程变化、解集前沿分布范围以及求解时间等方面的表现，验证了HP-CRO算法求解应急仓库选址问题的优异性能。

三是构建了应急物资配送车辆调度模型。由于真实的应急物资配送车辆调度问题情况复杂，影响因素多样，各种突发状况层出不穷，本书对该问题进行了适当简化及条件假设，如配送路线固定，不考虑交通拥堵，统一设置集结点等。在此基础上，建立了应急物资配送车辆调度模型，明确了优化目标及约束条件。在对常见的车辆调度优化算法进行对比分析后，采取了Dijkstra算法求解应急物资配送车辆调度模型。具体求解过程为：采用极值法进行无量纲处理后，加权求和得到每条路径的综合边权，最后采用Dijkstra算法求解最优路径，得到从配送中心集结点到需求地域集结点的行驶时间。

四是构建了应急物资分配模型。综合考虑了时间性、经济性、需求满足率因素的影响，考虑了物资储存量不足、车辆数不足等情况，建立了多种物资、多车辆、多需求点、多次运输的应急物资分配模型，明确了优化目标及约束条件。采取了BBO算法求解物资分配模型，具体求解过程为：根据物资需求量对物资分配需求计划进行调整，然后采用BBO算法对计算机模拟决策者人工拟定的初始物资分配方案进行寻优，最终得到详细可执行的物资分配方案。实验结果表明，BBO算法能够在较短时间内，大概率得到接近最优解的物资分配方案，可为应急物资分配提供辅助决策。

7.2 展望

第一,在需求预测方面,追求高的预测精度,必然造成预测效率的降低,PCR 方法的局限就在于从任务区态势数据中甄别控制变量效率太低,采取文献分析和专家意见相结合的方式进行分析虽然提高了控制变量的科学性,但非常耗费时间。因此,必须将该环节放在平时开展,在应急保障理论研讨、灾情模拟推演以及灾后复盘总结等工作中,组织专业人员对影响物资需求的控制变量逐门、逐类、逐一进行翔实可靠的甄选,建立起影响物资需求的控制变量数据字典,后续在事中阶段直接采集当前情况的变量取值,这样便可提升模型的预测效率,为后续物资保障环节提供更好的支撑。

第二,在应急仓库选址方面,本文构建的模型及算法一定程度上满足了应急仓库选址优化的需求,但还存在三方面问题:①不同种类的物资保存、运输要求不同,这对实际救援中的应急仓库选址也会造成影响;②应急仓库服务范围没有考虑具体道路网情况,在未来研究中,可以在模型中增添物资种类相关的影响因素,并结合路网计算服务范围,使模型更贴近实际情况;③在求解方面,可以对现有启发式算法进行并行计算的改进,以提高求解效率。

第三,在应急物资配送车辆调度方面,综合考虑了时间与风险性的影响,获得了配送中心到需求地域集结点之间的最优路径,但未考虑动态规划问题(即车辆拥堵和道路损毁的情况),对于突发情况的适应性还需加强。下一步,应采用系统工程的思路综合分析应急救援行动中的物资配送问题，找准关键的优化目标和约束条件，对各种应急物资配送车辆调度模型进行整合，形成规范通用的应急物资配送车辆调度模型，以满足应急救援指挥员的要求。

第四，在应急物资分配方面，建立了多种物资、多车辆、多需求点、多次运输的应急物资分配模型，但未考虑在配送时间不充足的情况下，如何分配车辆，使得需求满足率最大。随着一批新的优化算法被提出并在各种问题中证明了其有效性和效率，如布谷鸟搜索、水稻田算法、仿生算法、烟花算法等，这些新的算法及其与现有算法的混合算法，在应急物资分配问题上具有广阔的前景，但对这些算法所具备的各种特性并没有充分了解，可以构建算法基准测试平台，对不同的算法进行综合评估，以根据不同条件下的应急物资分配需求，选择不同的算法或混合算法。

最后，随着人工智能、大数据、云计算等新兴技术的不断发展，可以尝试利用其对复杂问题进行分析，可为以上问题提供更多思路，也能促进辅助决策的过程向更为智能的方向发展。

参考文献

[1] Quarantelli E L. Sheltering and housing after major community disasters: Case studies and general observations [R]. U.S. University of Delaware Disaster Research Center, 1982.

[2] Quarantelli E L. Social support systems: Some behavioral patterns in the context of mass evacuation activities[R]. Delaware: U.S. University of Delaware Disaster Research Center, 1985.

[3] 李鹏, 李莉, 马龙腾, 等. 国内外灾难物资储备种类和布局[J]. 上海预防医学, 2019, 31(1): 53-59.

[4] 蒲宇. 救灾物资储备库应急能力评价研究[D]. 合肥: 合肥工业大学, 2019.

[5] 杨茜. 元治理理论视角下应急物资社会化储备机制构建研究——以延安市为例[D]. 西安: 西北大学, 2020.

[6] 牛牛. 国家突发公共事件总体应急预案的主要内容[J]. 中国减灾, 2008, (10): 29.

[7] 赵洪均. 新冠肺炎疫情下 Z 市突发公共卫生事件应急物资保障机制研究[D]. 西安: 西北大学, 2021.

[8] 王琳. 应急物资保障问题研究[J]. 产业创新研究, 2020, (22): 87-89.

[9] 高学英. 大规模应急救援资源布局与调度优化方法研究[D]. 长春：吉林大学，2012.

[10] 史开菊. 我国重大突发事件灾前应急物资储备研究[D]. 秦皇岛：燕山大学，2013.

[11] 辜勇. 面向重大突发事件的区域应急物资储备与调度研究[D]. 武汉：武汉理工大学，2009.

[12] 鲍雪女. 城市应急资源管理系统的研究[D]. 上海：同济大学，2008.

[13] 张高通. 提高地方政府应急管理能力的对策研究[D]. 保定：河北大学，2021.

[14] 张丹樨. 我国灾后应急物资供应体系问题及对策研究[D]. 合肥：中国科学技术大学，2010.

[15] 习近平. 全面提高依法防控依法治理能力健全国家公共卫生应急管理体系[J]. 中国民政，2020，(5): 4-6.

[16] 陈平. 系统工程理论与实践教学改革[J]. 中国市场，2015，(2): 151-152.

[17] 强敏. 管理者有限理性对企业投资预期的作用效应——基于 A 股主板企业面板数据的实证检验[J]. 福建江夏学院学报，2021，11(4): 44-53.

[18] 杨传平. 高水平大学学科建设研究[M]. 北京：中国林业出版社，2015.

[19] 许瑞明. 作战建模与仿真[M]. 北京：军事科学出版社，2012.

[20] 郁滨. 系统工程理论[M]. 合肥：中国科学技术大学出版社，2009.

[21] 童钟. 地震灾害应急物资需求预测及调拨模型与方法研究

[D]. 武汉：华中科技大学，2016.

[22] 倪聪，周庆忠，刘磊，等. 基于GM-SVM的边境封控油料保障需求预测[J]. 军事交通学院学报，2016，18(3): 90-94.

[23] 张喜才，李海玲. 基于灰色与马尔科夫链模型的京津冀农产品冷链需求预测[J]. 商业经济研究，2019，(15): 109-111.

[24] 李丽丽. 基于灰色建模技术的大规模地震应急救援物资需求预测研究[D]. 重庆：重庆工商大学，2013.

[25] 漆磊，姜大立，伍岳，等. 战中物资需求预测及布谷鸟指数平滑算法[J]. 后勤工程学院学报，2016，32(6): 73-79.

[26] 郑琰，黄兴，肖玉杰. 基于时间序列的商品需求预测模型研究[J]. 重庆理工大学学报（自然科学），2019，33(9): 217-222.

[27] 陈艺娴. 救灾应急物资需求预测与储备管理研究[D]. 重庆：重庆邮电大学，2016.

[28] 丁红卫，王文果，万良，等. 基于BP神经网络的电网物资需求预测研究[J]. 计算机技术与发展，2019，29(6): 138-142.

[29] Rangel H R, Puig V, Farias R L, et al. Short-term demand forecast using a bank of neural network models trained using genetic algorithms for the optimal management of drinking water networks[J]. Journal of Hydroinformatics, 2017, 19(1): 1-16.

[30] Fu D Q, Liu Y, Li C B. Forecasting the demand for emergency supplies: Based on the CBR theory and BP neural network[C]. Proceedings of the 8th International Conference on Innovation & Management. Chongqing, China, 2011,

700-704.

[31] 王炜, 刘茂. 基于 CBR 的突发公共事件应急资源需求预测方法[J]. 安全与环境学报, 2010, 10(5): 217-220.

[32] 郭小梅. 基于案例推理的应急物资需求预测研究[D]. 兰州: 兰州交通大学, 2017.

[33] 蔡文婷, 彭怡, 陈秋吉. 基于多元回归模型的航空运输客运量预测[J]. 航空计算技术, 2019, 49(4): 50-53, 58.

[34] 丛丛, 李俊辉. 基于多元线性回归模型的农村客运需求预测[J]. 科技与创新, 2019, (11): 138-139.

[35] 彭湖, 何民. 基于主成分回归的区域物流需求预测研究——以云南省为例[J]. 交通运输研究, 2015, 1(3): 60-65.

[36] Basu S, Roy S, DasBit S. A post-disaster demand forecasting system using principal component regression analysis and case-based reasoning over smartphone-based DTN[J]. IEEE Transactions on Engineering Management, 2019, 66(2): 224-239.

[37] 徐春霞, 马丽涛. 用不确定德尔菲法预测 GDP[J]. 数学的实践与认识, 2014, 44(11): 140-146.

[38] 李国秋, 吕斌. 作为预测方法的预测市场及其与德尔菲法比较研究[J]. 现代情报, 2013, 33(12): 3-8.

[39] Trippi R R. The warehouse location formulation as a special type of inspection problem[J]. Management Science, 1975, 21(9): 986-988.

[40] 张来顺, 尚振峰, 姚顷. 联勤保障一线仓库布局优化分析[J]. 火力与指挥控制, 2011, 36(1): 37-39.

[41] 陈和, 雍岐东, 邢兆勇, 等. 基于物联网的军队油料储备

布局研究[J]. 训练与科技，2013，34(3): 4-6.

[42] 陈智，郭继坤. 以线性规划方法构建油料储备布局模型[J]. 后勤学术，2004，(12): 90-92.

[43] 双海军. 战备物资储备优化[D]. 重庆：后勤工程学院，2001.

[44] 徐东. 新形势下军事物资储备布局的合理性研究[D]. 北京：后勤指挥学院，1999.

[45] 王立杰，尹峰，关博. 考虑失效的煤炭应急储备中心选址模型[J]. 工业安全与环保，2013，39(4): 86-89.

[46] 刘万宇. 城市应急服务设施选址模型与算法研究[D]. 哈尔滨：哈尔滨理工大学，2016.

[47] 王桂强，刘军利，荀烨. 军队应急物资仓库选址模型研究[J]. 军事交通学院学报，2008，10(6): 70-73.

[48] 彭春. 不确定性下应急医疗服务设施选址决策[D]. 北京：北京理工大学，2017.

[49] 徐磊，黄卫平. AHP 和目标规划方法在野战仓库选址中的应用[J]. 仓储管理与技术，2009，(5): 23-25.

[50] 程飞，丁国勤，李宁，等. 基于模糊综合评判的野战油库选址优化模型[J]. 四川兵工学报，2015，36(6): 53-57, 73.

[51] 刘源，张鹭鹭，任国荃，等. 基于地理信息系统的战时野战药材仓库选址优化建模[J]. 解放军卫勤杂志，2006，36(2): 115-118.

[52] 张帅，孟晓明，周玉琴，等. 基于 AHP-FCE 模型的野战器材仓库选址决策研究[J]. 工兵装备研究，2014，33(4): 57-60.

[53] Khayal D, Pradhananga R, Pokharel S, et al. A model for

planning locations of temporary distribution facilities for emergency response [J]. Socio-Economic Planning Sciences, 2015, 52(9): 22-30.

[54] Boonmee C, Arimura M, Asada T. Facility location optimization model for emergency humanitarian logistics[J]. International Journal of Disaster Risk Reduction, 2017, 24(1): 485-498.

[55] Marla L. Robust optimization for network-based resource allocation problems under uncertainty[D]. Massachusetts, USA: Massachusetts Institute of Technology, 2007.

[56] Chanta S, Mayorga M E, Mary E, et al. The minimum p-envy location problem: A new model for equitable distribution of emergency resources[J]. IIE Transactions on Healthcare Systems Engineering, 2011, 1(2): 101-115.

[57] Chanta S, Mayorga M E, Mclay L A. The minimum p-envy location problem with requirement on minimum survival rate[J]. Computers & Industrial Engineering, 2014, 74: 228-239.

[58] Murali P, Fernando O, Dessouky M. M. Facility location under demand uncertainty: Response to a large-scale bio-terror attack[J]. Socio-Economic Planning Sciences, 2012, 46(1): 78-87.

[59] Logerson P A. Location of temporary depots to facilitate relief operations after an earthquake[J]. Socio-Economic Planning Sciences, 2012, 46(2): 112-123.

[60] Hector T, Mayorga M. E, Chanta S, et al. Joint location and dispatching decisions for emergency medical services[J].

Computers & Industrial Engineering, 2013, 64(4): 917-928.

[61] Abounacer R, Rekik M, Renaud J. An exact solution approach for multi-objective location-transportation problem for disaster response[J]. Computers & Operations Research, 2014, 41(1): 83-93.

[62] Paul N R, Lunday B. J, Nurre S G. A multiobjective, maximal conditional covering location problem applied to the relocation of hierarchical emergency response facilities [J]. Omega, 2017, 66: 147-158.

[63] Sudtachat K, Mayorga M. E, Mclay L A. A nested-compliance table policy for emergency medical service systems under relocation[J]. Omega, 2016, 58: 154-168.

[64] Van B. T. C, Van M. R. D, Bhulai S. Compliance tables for an EMS system with two types of medical response units[J]. Computers & Operations Research, 2017, 80(4): 68-81.

[65] Salman F. S, Yücel, E. Emergency facility location under random network damage: Insights from the istanbul case[J]. Computers & Operations Research, 2015, 62(10): 266-281.

[66] 李国旗，张锦，刘思婧. 城市应急物流设施选址的多目标规划模型[J]. 计算机工程与应用，2011，47(19): 238-241.

[67] 葛春景，王霞，关贤军. 重大突发事件应急设施多重覆盖选址模型及算法[J]. 运筹与管理，2011，20(5): 50-56.

[68] 肖俊华，侯云先. 考虑多级覆盖衰减的双目标应急设施选址模型及算法[J]. 软科学，2012，26(12): 127-131.

[69] 肖俊华，侯云先. 大规模突发事件应急设施选址模型及算法[J]. 计算机工程与应用，2013，49(8): 67-71.

[70] 郑斌，马祖军，李双琳. 基于双层规划的震后初期应急物流系统优化[J]. 系统工程学报，2014，29(1): 113-125.

[71] 肖俊华，侯云先. 带容量限制约束的应急设施双目标多级覆盖选址模型及算法[J]. 计算机应用研究，2015，32(12): 3618-3621.

[72] 付德强，陈煜舟，万晓榆. 自然灾害风险下区域应急储备设施选址可靠性研究[J]. 运筹与管理，2015，24(3): 14-19.

[73] Shariat-Mohaymany A, Babaei M, Moadi S, et al. Linear upper-bound unavailability set covering models for locating ambulances: Application to Tehran rural roads[J]. European Journal of Operational Research, 2012, 221(1): 263-272.

[74] Pramudita A, Taniguchi E, Qureshi A. G. Location and routing problems of debris collection operation after disasters with realistic case study[J]. Procedia-Social and Behavioral Sciences, 2014, 125(1): 445-458.

[75] Nickel S, Reuter-Oppermann M, Saldanha-Da-Gama F. Ambulance location under stochastic demand: A sampling approach[J]. Operations Research for Health Care, 2015, 8(3): 24-32.

[76] 刘勇，马良，宁爱兵. 给定限期条件下应急选址问题的量子竞争决策算法[J]. 运筹与管理，2011，20(3): 66-71.

[77] 翁克瑞. 面向快速响应与成本优化的设施选址问题[J]. 运筹与管理，2012，21(6): 32-37.

[78] 余鹏，隽志才. 混合遗传算法求解应急抢修点选址问题[J]. 计算机应用研究，2013，30(2): 360-363.

[79] 周文峰，李珍萍. 一类应急服务设施多重覆盖选址问题研

究[J]. 物流技术，2013，32(21): 88-89.

[80] 徐大川，万玮，吴晨晨. 随机容错设施选址问题的原始-对偶近似算法[J]. 运筹学学报，2014，18(2): 17-28.

[81] 许骏，许晓东. 一种群体智能融合算法及其在应急设施选址的应用[J]. 计算机工程与科学，2014，36(4): 667-673.

[82] 王继光，李景峰. 随机中断情境下的离散型设施选址问题研究[J]. 计算机工程与应用，2015，51(17): 1-7.

[83] Maleki M, Majlesinasab N, Sepehri M. M. Two new models for redeployment of ambulances[J]. Computers & Industrial Engineering, 2014, 78: 271-284.

[84] Ye F, Zhao Q H, Xi M H, et al. Chinese national emergency warehouse location research based on VNS algorithm[J]. Electronic Notes in Discrete Mathematics, 2015, 47: 61-68.

[85] Tofighi S, Torabi S, Mansouri S. Humanitarian logistics network design under mixed uncertainty[J]. European Journal of Operational Research, 2015, 250(1): 239-250.

[86] 丁雪枫，尤建新，王洪丰，等. 突发事件应急设施选址问题的模型及优化算法[J]. 同济大学学报（自然科学版），2012，40(9): 1428-1433.

[87] Shahriari M, Bozorgi-Amiri A, Tavakoli S, et al. Bi-objective approach for placing ground and air ambulance base and helipad locations in order to optimize EMS response[J]. American Journal of Emergency Medicine, 2017, 35: 1873-1881.

[88] 姜涛，朱金福. 应急设施鲁棒优化选址模型及算法[J]. 交通运输工程学报，2007，7(5): 101-105.

[89] 陶莎，胡志华. 需求与物流网络不确定下的应急救援选址问题[J]. 计算机应用，2012，32(9): 2534-2537.

[90] 董银红. 道路拥塞条件下的应急物流选址研究[J]. 经济与管理研究，2014, (4): 48-53.

[91] 尹峰，于永达. 重大突发事件应急设施多级覆盖选址模型[J]. 科学技术与工程，2014，14(21): 302-305.

[92] 付德强，张伟. 考虑服务设施规模的应急物资储备库双目标选址模型研究[J]. 重庆邮电大学学报（自然科学版），2015，27(3): 392-396.

[93] 王海军，杜丽敬，胡蝶. 不确定条件下的应急物资配送选址-路径问题[J]. 系统管理学报，2015，24(6): 828-834.

[94] Aksen D, Aras N. A bilevel fixed charge location model for facilities under imminent attack[J]. Computers & Operations Research, 2012, 39(7): 1364-1381.

[95] Jabbarzadeh A, Fahimnia B, Seuring S. Dynamic supply chain network design for the supply of blood in disasters: A robust model with real world application[J]. Transportation Research Part E: Logistics and Transportation Review, 2014, 70: 225-244.

[96] 韩强，宿洁. 一类应急服务设施选址问题的模拟退火算法[J]. 计算机工程与应用，2007，43(14): 202-203.

[97] 周静娴，肖玲，胡志华. 基于双层随机规划的多时段募集点选址问题[J]. 广西大学学报(自然科学版)，2014，39(2): 365-371.

[98] 周静娴，胡志华，张梦君. 面向地震灾害的社会帐篷募集点预选址问题[J]. 计算机应用，2014，34(4): 1196-1200.

[99] Schmid V, Doerner K. F. Ambulance location and relocation problems with time-dependent travel times[J]. European Journal of Operational Research, 2010, 207(3): 1293-1303.

[100] Schmid V. Solving the dynamic ambulance relocation and dispatching problem using approximate dynamic programming [J]. European Journal of Operational Research, 2012, 219(3): 611-621.

[101] Jagtenberg C. J, Bhulai S, Van d M R D. An efficient heuristic for real-time ambulance redeployment[J]. Operations Research for Health Care, 2015, 4: 27-35.

[102] Rodríguez-Espíndola O, Albores P, Brewster C. Disaster preparedness in humanitarian logistics: A collaborative approach for resource management in floods[J]. European Journal of Operational Research, 2017, 264(3): 978-993.

[103] Cotes N, Cantillo V. Including deprivation costs in facility location models for humanitarian relief logistics[J]. Socio-Economic Planning Sciences, 2019, 65: 89-100.

[104] 安邦,程朋. 基于分支割平面的一类无容量限制设施选址问题求解算法[J]. 运筹学学报，2015，19(4): 1-13.

[105] Su Q, Luo Q, Huang S H. Cost-effective analyses for emergency medical services deployment: A case study in Shanghai[J]. International Journal of Production Economics, 2015, 163: 112-123.

[106] Liu Y, Li Z, Liu J, et al. A double standard model for allocating limited emergency medical service vehicle resources ensuring service reliability[J]. Transportation

Research Part C: Emerging Technologies, 2016, 69: 120-133.

[107] 郑斌, 马祖军, 李双琳. 基于双层规划的应急物流系统选址-联运问题[J]. 系统科学与数学, 2013, 33(9): 1045-1060.

[108] 王丰. 军事仓储管理[M]. 北京: 中国物资出版社, 2005.

[109] 李军, 郭耀煌. 物流配送车辆优化调度理论与方法[M]. 北京: 中国物资出版社, 2001.

[110] 王沛云. 关于物资分配几个问题的理论与实践的商榷[J]. 经济研究, 1957, (2): 51-61.

[111] Korošec P, Papa G. Metaheuristic approach to transportation scheduling in emergency situations[J]. Transport, 2013, 28(1): 46-59.

[112] Han J, Lee C, Park S. A robust scenario approach for the vehicle routing problem with uncertain travel times[J]. Transportation Science, 2013, 23(1): 373-390.

[113] Tian G, Ren Y, Zhou M C. Dual-objective scheduling of rescue vehicles to distinguish forest fires via differential evolution and particle swarm optimization combined algorithm[J]. IEEE Transactions on Intelligent Transportation Systems, 2016, 17(11): 3009-3021.

[114] Chai G, Cao J, Huang W, et al. Optimized traffic emergency resource scheduling using time varying rescue route travel time[J]. Neurocomputing, 2018, 275: 1567-1575.

[115] 杨海强, 陈卫明. 存在不确定灾害点的交通运输网络应急车辆调度研究[J]. 安全与环境工程, 2017, 24(5): 26-30.

[116] 陈钢铁, 帅斌. 基于模糊网络和时间依赖的应急车辆调度优化研究[J]. 中国安全科学学报, 2011, 21(8): 171-176.

[117] 任亚平. 森林火灾应急救援路径规划与调度研究[D]. 哈尔滨: 东北林业大学, 2016.

[118] 高啸峰. 多配送中心应急物资配送车辆调度模型与算法研究[D]. 北京: 首都师范大学, 2011.

[119] 马冬青, 王蔚. 基于改进粒子群算法的物流配送车辆调度[J]. 计算机工程与应用, 2014, 50(11): 246-250.

[120] 吴聪, 杨建辉. 基于改进粒子群算法的物流配送车辆调度优化[J]. 计算机工程与应用, 2015, 51(13): 259-262.

[121] Shi H, Dong Y, Yi L, et al. Study on the route optimization of military logistics distribution in wartime based on the ant colony algorithm[J]. Computer & Information Science, 2010, 3(1): 139- 143.

[122] Vidal T, Crainic T. G, Gendreau M, et al. A hybrid genetic algorithm with adaptive diversity management for a large class of vehicle routing problems with time-windows[J]. Computers & Operations Research, 2013, 40(1): 475-489.

[123] 王龙昌. 多车场军事物流车辆调度问题优化研究[D]. 大连: 大连海事大学, 2016.

[124] 王华东, 李巍. 粒子群算法的物流配送路径优化研究[J]. 计算机仿真, 2012, 29(5): 243-246.

[125] 苏涛, 王庆斌, 孙聪, 等. 蚁群算法的军事物流配送路径优化[J]. 海军航空工程学院学报, 2012, 27(3): 342-346.

[126] 阎俊爱, 郭艺源. 非常规突发事件救援物资输送的路径优化研究[J]. 灾害学, 2015, 31(1): 193-200.

[127] 张汉鹏, 廖毅, 邱菀华. 两级车辆路径问题下的应急物资配送策略与绩效[J]. 控制与决策, 2015, 30(2): 266-270.

[128] Barrachina J, Garrido P, Fogue M, et al. Reducing emergency services arrival time by using vehicular communications and evolution strategies[J]. Expert Systems with Applications: An International Journal, 2014, 41(4): 1206-1217.

[129] Berkoune D, Renaud J, Rekik M, et al. Transportation in disaster response operations[J]. Socio-Economic Planning Sciences, 2012, 46(1): 23-32.

[130] 夏红云, 江亿平, 赵林度. 基于双层规划的应急救援车辆调度模型[J]. 东南大学学报(自然科学版), 2014, 44(2): 425-429.

[131] 郝瑞卿, 闫莉. 军事配送式后勤车辆路径问题研究[J]. 西安工业大学学报, 2015, 35(1): 63-69.

[132] 姜海洋. 基于复杂网络的军事运输风险及路径优化研究[D]. 大连: 大连理工大学, 2015.

[133] 陈勤, 陈毅平, 王伟嘉, 等. 基于改进 NSGA-Ⅱ算法的军事应急物流路径优化[J]. 重庆理工大学学报(自然科学版), 2012, 26(10): 76-81.

[134] 李宇飞. 基于时间依赖网络的军事物流配送路径优化问题研究[D]. 北京: 北京交通大学, 2016.

[135] 杜苗苗. 基于应急物资分类-分批配送的应急车辆路径研究[D]. 北京: 北京交通大学, 2014.

[136] Hiermann G, Puchinger J, Ropke S, et al. The electric fleet size and mix vehicle routing problem with time windows and recharging stations[J]. European Journal of Operational

Research, 2016, 252(3): 995-1018.

[137] 王晶, 易显强, 张玲. 考虑道路可靠性的突发事件资源配送路线优化模型与算法[J]. 系统科学与数学, 2014, 34(9): 1128-1137.

[138] 何勇. 应急救援物资配送模型及算法研究[D]. 广州: 广东工业大学, 2016.

[139] 王连锋, 宋建社, 王正元, 等. 带硬时间窗的战场物资配送车辆路径优化[J]. 系统工程与电子技术, 2013, 35(4): 770-776.

[140] Zheng Y J, Ling H F. Emergency transportation planning in disaster relief supply chain management: A cooperative fuzzy optimization approach[J]. Soft Computing, 2013, 17(7): 1301-1314.

[141] Yuan Y, Wang D. Path selection model and algorithm for emergency logistics management[J]. Computers & Industrial Engineering, 2009, 56(3): 1081-1094.

[142] Qin Y, Wu T, Zhou D. Model of vehicle dispatching for logistics distribution[C]. Proceedings of International Conference of Logistics Engineering and Management, Chengdu, China, 2010, 2905-2911.

[143] Norouzi N, Sadegh-Amalnick M, Tavakkoli-Moghaddam R. Modified particle swarm optimization in a time-dependent vehicle routing problem: Minimizing fuel consumption[J]. Optimization Letters, 2016, 11(1): 1-14.

[144] 杜丽敬. 突发事件下多目标应急物资配送优化研究[D]. 武汉: 华中科技大学, 2015.

[145] Chang F S, Wu J S, Lee C. N, et al. Greedy-search-based multi- objective genetic algorithm for emergency logistics scheduling[J]. Expert Systems with Applications, 2014, 41(6): 2947-2956.

[146] Duan X, Song S, Zhao J. Emergency vehicle dispatching and redistribution in highway network based on bilevel programming[J]. Mathematical Problems in Engineering, 2015, 2015: 731492.

[147] Gan X, Wang Y, Kuang J, et al. Emergency vehicle scheduling problem with time utility in disasters[J]. Mathematical Problems in Engineering, 2015, (7) 164-194.

[148] Zhang J, Peng J, Xu Z, et al. SDVRP model for emergency logistics and evolutionary heuristic approach[C]. Proceedings of International Conference on Automatic Control and Artificial Intelligence, Xiamen, China, 2012, 1809-1812.

[149] Li X, Tan Q. Vehicle scheduling schemes for commercial and emergency logistics integration[J]. Plos One, 2013, 8(12): e82866.

[150] 李晓晖. 应急物流规划与调度研究[D]. 南京：南京航空航天大学，2015.

[151] 许琳川. 突发事故下高速公路应急指挥调度及车辆分流方法研究[D]. 长春：吉林大学，2017.

[152] 黄宁宁. 多目标应急物流调度优化研究[D]. 杭州：浙江工商大学，2015.

[153] Yao J, Zhang K, Yang Y, et al. Emergency vehicle route oriented signal coordinated control model with two-level

programming[J]. Soft Computing, 2018, 22: 4283-4294.

[154] Zheng Y J, Chen S Y, Ling H F. Evolutionary optimization for disaster relief operations: A survey[J]. Applied Soft Computing, 2015, 27(2): 553-566.

[155] Noel M. M. A new gradient based particle swarm optimization algorithm for accurate computation of global minimum[J]. Applied Soft Computing, 2012, 12(1): 353-359.

[156] Zheng Y J, Ling H F, Xue J Y. Ecogeography-based optimization: Enhancing biogeography-based optimization with ecogeographic barriers and differentiations[J]. Computers & Operations Research, 2014, 50(10): 115-127.

[157] 胡峰. 城市居民生活用水需求影响因素研究[D]. 杭州：浙江大学，2006.

[158] 杨梅. 北京市（高校）用水变化趋势及用水需求分析[D]. 北京：清华大学，2017.

[159] Mulvey J. M, Vanderbei R J, Zenios S A. Robust optimization of large-scale systems[J]. Operations Research, 1995, 43(2): 264-281.

[160] 王清，苏正炼，严骏. 装备维修器材仓库选址鲁棒优化模型[J]. 陆军工程大学学报，2022，1(2): 87-92.

[161] 张菊丽. 需求和成本不确定的供应链综合生产计划鲁棒优化模型研究[D]. 南京：南京理工大学，2014.

[162] Yu C S, Li H L. A robust optimization model for stochastic logistic problems[J]. International Journal of Production Economics, 2000, 64: 385-397.

[163] Li Z, Nguyen T T, Chen S M, et al. A hybrid algorithm based on particle swarm and chemical reaction optimization for multi-object problems[J]. Applied Soft Computing, 2015, 35: 525-540.

[164] Deb K, Pratap A, Agarwal S, et al. A fast and elitist multiobjective genetic algorithm: NSGA-II [J]. IEEE Transactions on Evolutionary Computation, 2002, 6(2): 182-197.

[165] Coello C. A. C, Pulido G. T, Lechuga M S. Handling multiple objectives with particle swarm optimization[J]. IEEE Transactions on Evolutionary Computation, 2004, 8(3): 256-279.

[166] Liu D, Tan K C, Goh C K, et al. A multiobjective memetic algorithm based on particle swarm optimization[J]. IEEE Transactions on Systems, Man, and Cybernetics, Part B: Cybernetics, 2007, 37(1): 42-50.

[167] Lam A, Li V. Chemical reaction optimization: A tutorial[J]. Memetic Computing, 2012, 4(1): 3-17.

[168] Nguyen T T, Li Z Y, Zhang S W, et al. A hybrid algorithm based on particle swarm and chemical reaction optimization [J]. Expert Systems with Applications, 2014, 41(5): 2134-2143.

[169] Zitzler E, Thiele L. Multiobjective evolutionary algorithms: A comparative case study and the strength Pareto approach [J]. IEEE Transactions on Evolutionary Computation, 1999, 3(4): 257-271.

[170] 李密青,郑金华. 一种多目标进化算法解集分布广度评价

方法[J]. 计算机学报，2011，34(4): 647-664.

[171] Zitzler E, Deb K, Thiele L. Comparison of multiobjective evolutionary algorithms: Empirical results[J]. Evolutionary Computation, 2000, 8(2): 173-195.

[172] Simon D. Biogeography-based optimization[J]. IEEE Transactions on Evolutionary Computation, 2008, 12(6): 702-713.

[173] 封全喜. 生物地理学优化算法研究及其应用[D]. 西安：西安电子科技大学，2014.

[174] Holland J H. Adaptation in natural and artificial systems [M]. Massachusetts, USA: MIT Press, 1992.